INTRODUCTION GÉNÉRALE A L'ÉTUDE DE LA POLITIQUE, DES FINANCES ET DU COMMERCE,

PAR

M. DE BEAUSOBRE,

Conseiller Privé du Roi, Membre de l'Académie Royale des Sciences de Prusse, &c.

NOUVELLE ÉDITION,

Considérablement augmentée.

TOME TROISIEME.

A BRUXELLES,
Chez B. LE FRANCQ, Imprimeur-Libraire,
rue de la Magdelaine.

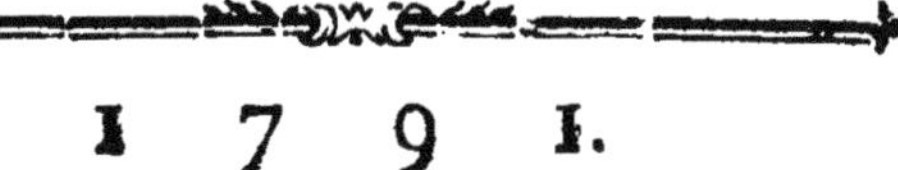

1791.

§. LVI.

Des différentes manieres de diviser un pays.

QUand on connoît une fois l'étendue d'un pays, sa position, & ses productions, pour juger de tous ses avantages particuliers, il faut entrer dans de plus grands détails. Il s'agit de l'anatomiser, si j'ose ainsi parler; on commence d'abord par examiner en combien de parties il est divisé : cette division est relative à différens objets. Un financier, par exemple, & un guerrier ont des vues différentes : mais le plus grand détail est ce qu'ils cherchent tous les deux. La division géographique est ou naturelle ou arbitraire : la premiere se fonde ordinairement sur la situation des montagnes, des fleuves, des bois; la seconde est abandonnée au caprice, & n'a souvent aucun fondement. La division politique est relative au Gouvernement; les Souverains, en établissant des Gouverneurs ou des Vice-Rois sur quelques provinces, ou sur une province seulement, divisent par là même leur état en différens gouvernemens. La division judiciaire se fonde sur l'étendue des Jurisdictions : c'est ainsi que la France est divisée en douze Parlemens, & la Prusse en neuf Colleges de Justice. La division financiere est relative aux impositions, à la levée des deniers publics; c'est ainsi que la France est divisée en trente-deux Généralités, & la Prusse en deux Chambres de domaines & de guerre. La division ecclésiastique est mesurée par l'étendue de la jurisdiction des Prelats & de leurs représentans; tels sont chez les Catholiques les districts qu'on appelle Archevêchés, Evêchés, Archi-Diaconats, Diaconats, &c. & chez les Protestants, les Consistoires, Intendances générales, Inspections, Prêvotés, ou même aussi Archevêchés & Evêchés, dans les endroits où l'ancienne hierarchie a été conservée.

§. LVII.

Des Campagnes & des Villes.

Les manufactures & les fabriques,

le commerce, les beaux-arts & les ſciences doivent être l'occupation des habitans des villes : l'agriculture celle des habitans des campagnes. Nous voyons cependant, ſur-tout en Allemagne, que les habitans d'une quantité de petites villes cultivent la terre & entretiennent des troupeaux, tandis qu'un grand nombre de villages renferment des atteliers d'artiſans, & des établiſſemens de manufactures. C'eſt un abus dangereux, que celui de placer toutes les grandes manufactures & toutes les grandes fabriques dans les capitales. On ne devroit laiſſer aux grandes villes que les manufactures & les fabriques de luxe, donner aux petites villes toutes celles de néceſſité, & borner au beſoin les eſpeces & le nombre de métiers qui ſe trouvent à la campagne. Les villes ont leurs droits, leurs coûtumes, leurs priviléges, leurs magiſtrats, leurs juriſdictions, &c. Le droit des marchés eſt dans quelques pays commun aux villes, aux bourgs, & aux villages : dans d'autres il n'y a que les villes & les bourgs qui l'aient. Autrefois les villes étoient la plûpart environnées de murailles, de tours, de foſſés, de remparts : aujourd'hui la plus grande partie sont des places ouvertes. Une ville d'entrepôt est une ville où il arrive des marchandises pour y être déchargées, mais non pour y être vendues. Une ville franche est celle qui est exempte de tout impôt, ou qui ne paie point de droits d'entrée & de sortie : ville de loi est en terme de manufactures une ville où il y a maîtrise.

Une ville est grande ou relativement à l'étendue qu'elle renferme, ou relativement au nombre de ses habitans. (*a*). On peut dire d'une même ville qu'elle est grande, & qu'elle est petite : d'assez grandes villes sont très-petites en comparaison de ces villes immenses qui, comme Paris & Londres, deviennent à charge à l'Etat (*b*).

(*a*) Mr. Hase, professeur à Wittemberg, a mis le premier de ces moyens en usage, pour comparer les villes anciennes aux villes modernes, dans son savant ouvrage, intitulé *Descriptio regni Davidici & Salomonæi*. Le second de ces deux moyens, le nombre des habitans & des maisons, sert à terminer le différend entre Londres & Paris : à ce dernier égard Londres est plus grand, quoique Paris renferme une plus grande étendue de terrein. On compte à Londres 120 mille maisons habitées : parmi lesquelles il y a 13 Hopitaux & plus de 100 maisons de charité.

(*b*) Les grandes villes perdent plus de monde,

La beauté (*c*) d'une ville consiste dans ses rues, dans ses maisons, dans ses

proportion gardée avec le nombre de leurs habitans, que les petites : elles tirent à elles, & concentrent, dans leur sein, toutes les richesses de l'Etat : richesses qui ne circulent alors que dans un espace fort étroit ; elles dépeuplent les provinces, favorisent l'oisiveté, découragent l'agriculture & les arts dans les provinces éloignées de la capitale, parce que la rareté des especes y tient tout à bas prix. L'Angleterre se plaint aujourd'hui de la misere qui règne dans les provinces : comment en effet payer les impôts sur le pied de la capitale ?

La table que voici, en indiquant le nombre des habitans de quelques-unes des principales villes de l'Europe, pourra être de quelque utilité, si on la compare à l'étendue du pays, au commerce, &c.

Ville	Habitans	Ville	Habitans
Amsterdam –	212000	Leipzig - -	36400
Augsbourg -	36400	Lisbonne -	160000
Berlin –	130000	Londres - -	530350
Breslau –	90000	Madrid - -	80000
Brunswik -	25200	Milan - -	123000
Constantinople	513000	Munich - -	25400
Copenhague -	77560	Naples - -	272050
Danzig - -	47600	Nuremberg -	40000
Dresde - -	60200	Paris - -	589000
F. sur le Mein -	33600	Rome - -	150000
Hambourg -	56000	Stockholm -	79520
Hannovre -	12800	Strasbourg -	45920
la Haye - -	36400	Stutgard –	16800
Kœnigsberg -	56000	Venise - -	131684
Leyde - -	50500	Vienne - -	125000

places, & dans ses dehors. On demande que les rues soient larges, droites, bien pavées, bien nettoyées, & éclairées pendant la nuit; que les maisons soient grandes, commodes, d'un bon goût d'architecture, bien alignées, & bien placées relativement les unes aux autres : on demande que les places soient d'une figure réguliere, ornées de quelque beau morceau d'architecture, placées au milieu de la ville, ou bien au tour du centre, mais non à l'extremité, à moins que ce ne soit vers les portes; enfin on demande que les dehors soient rians, & propres à servir aux plaisirs des habitans.

C'est un problème difficile à résoudre que celui de déterminer la proportion qu'il doit y avoir entre le nombre des villes (*d*), & l'étendue des cam-

(*c*) Il n'y a pas beaucoup de belles villes en Europe. La solidité & la beauté des bâtimens publics sont plus communes que la solidité, la beauté, la commodité, & l'alignement des maisons. En Angleterre ce ne fut que sous Jaques I, que le Comte Arondel introduisit l'usage des maisons bâties de briques : jusqu'alors il n'y en avoit que de bois, & dans le reste de l'Europe c'étoit à-peu-près la même chose.

(*d*) C'est en France & en Allemagne que,

pagnes. On juge du prix des campagnes par l'étendue des terres labourables & des prairies, par la fertilité du sol (e), par le plus ou le moins de commodité pour le transport des denrées, par la quantité & la nature des bois, par les contributions à payer, & par la valeur générale des denrées de premiere nécessité. Le trop bas prix des grains décourage le cultivateur, qui se borne à ses besoins, & ne défriche plus un terrain qui paie mal ses peines : le trop haut prix des grains renchérit la main d'œuvre, & diminuant le débit des marchandises détruit les manufactures & les fabriques. De trop

proportion gardée avec l'étendue du terrein ; il y a le plus grand nombre de villes & de bourgs : les pays du Nord en ont le moins. On compte en Allemagne deux-mille villes, un peu plus de deux-mille bourgs, & 80 mille villages, sans les métairies, les chateaux, les couvents, &c.

(e) D'abondantes récoltes ne sont pas les suites nécessaires de la fertilité du sol. La paresse est la premiere ennemie de la fertilité. De même la disette n'est pas toujours le fléau des pays, où le sol ingrat semble ne vouloir rien produire : il n'y a point de sol qui ne puisse être employé : on peut tout avec le temps & la patience. On feroit un volume sur les préjugés des cultivateurs.

grands troupeaux rendent les grains trop chers : mais auſſi de trop petits font manquer les terres de fumier ; & le cultivateur, qui veut alors ſe dédommager de la petite quantité du rapport de ſes champs par le nombre des champs qu'il enſemence, double à ſa perte le travail. Une juſte proportion à tous ces différens égards eſt le but que doit ſe propoſer, dans ſes recherches, tout homme appellé au maniement des affaires : mais où ſont les citoyens tout à la fois inſtruits & laborieux ?

§. LVIII.

Comment on peut déterminer le nombre des habitans d'un Pays.

Le plus ſûr moyen, pour parvenir à connoître le veritable nombre des habitans d'un pays ce ſeroit ſans doute d'en faire un dénombrement bien exact. Mais comme cela ne s'eſt fait que rarement, & dans bien peu de pays (*f*),

(*f*) Il eſt important au Gouvernement de ſavoir ſi le nombre des habitans augmente ou diminue. S'il y a des obſtacles à la population, qu'il eſt aiſé d'écarter, il y en a auxquels il

quoiqu'il fût fort utile de le faire tous les ans, il eſt néceſſaire d'avoir recours à quelque autre moyen (*g*). Lorſqu'on ſait le nombre des foyers, ou, ce qui revient au même, celui des familles, il n'y a qu'à multiplier ce nombre au moins par quatre, & au plus par ſix, pour avoir celui des habitans (*h*). Un

eſt très-difficile de remédier : ce ſont des vices cachés qui tiennent à la conſtitution de l'Etat. A la fin du XVIIeme Siecle, & dans le courant de 1733 on fit en France un dénombrement des habitans du pays. Dans les états du Roi de Pruſſe & du Duc de Wurtemberg on en fait un tous les ans. On l'a fait en Eſpagne depuis 1710 juſqu'en 1723, & en 1756 dans les états d'Hanovre.

(*g*) Si l'on ſavoit au juſte le nombre des habitans quelconques d'une ville de moyenne grandeur & qu'on connût avec cela le nombre des artiſans : on pourroit, en apprenant combien il y a d'artiſans d'une eſpece quelconque dans une ville donnée, déterminer aſſez juſte le nombre de ſes habitans. C'eſt par exemple par cette comparaiſon que j'ai cru pouvoir m'aſſurer que Paris eſt beaucoup moins peuplé qu'on ne le penſe. On compte dans toute la banlieue 800 maîtres boulangers, & quatre-mille moulins, dont trois-mille à eau ; or certainement cela eſt trop peu pour une ville où l'on veut ſuppoſer un million, ou du moins 800 mille habitans.

(*h*) C'eſt de cette maniere qu'Uſtariz détermine le nombre des habitans de l'Eſpagne.

autre moyen eſt de chercher à découvrir, par une expérience de pluſieurs années, le rapport exact du nombre des morts à celui des vivants : on a obſervé que dans les villes fort grandes, fort peuplées & fort riches, il meurt plus de perſonnes, proportion gardée, que dans les villes médiocres & moins peuplées, & dans celles-ci plus qu'à la campagne. On a trouvé que dans les grandes villes de 24 perſonnes, quelquefois de 28, il en meurt une tous les ans (*i*); que dans les pe-

(*i*) Ces liſtes des naiſſances, des mariages, des enterremens ſont d'une très-grande utilité. Il ſeroit à ſouhaiter qu'on en fît partout & qu'on les rendît publiques. Ce ſont les faits les plus ſimples qu'il faut qu'un œil obſervateur ſache remarquer, & un eſprit judicieux ſait en tirer des conſequences utiles. Mais il faut que ces liſtes ſoient exactes : ſi l'on calcule, par exemple, la *population* de Londres ſur le nombre des enfans qui y naiſſent tous les ans, il faut ſavoir que l'on n'enrégiſtre point, dans les paroiſſes, les enfans des Juifs, des Non-conformiſtes, des Catholiques, des ètrangers, & des pauvres hors d'état de payer l'enregiſtrement. Si l'on calcule la *population* de Paris ſur le nombre des morts, il faut ſavoir que la plus grande partie des enfants ſont nourris hors de Paris, & meurent par conſéquent hors de cette ville; or parmi les morts

tites il en meurt une de 30 ou de 32, & dans les campagnes une de 40 ou de 42. En réduisant ces différentes proportions à une proportion moyenne, on aura, pour quelques pays, un sur 32 à 33, & pour d'autres un sur 37, c'est-à-dire que le nombre des habitans est pour le moins 33 & pour le plus 37 fois plus grand que celui des personnes qui meurent dans le courant d'une année. Si l'on connoit donc le nombre des morts (*k*), il n'y a plus qu'à le multiplier par le nombre des vivans, qu'un mort suppose, pour fixer le nombre des habitans. Ordinairement le nombre de ceux qui naîssent dans le courant d'une année, l'emporte sur le nombre de ceux qui meurent dans le même espace de temps : de sorte qu'en temps de paix, & lorsqu'il n'y a point de maladies épidemiques, le nombre des habitans doit augmenter (*l*). On a

ce sont les enfans qui font le plus grand nombre.

(*k*) Il faut au moins prendre six années pour en tirer un terme moyen, qu'on puisse regarder, sans risque de se tromper, comme un point fixe d'après lequel on fait ses calculs.

(*l*) Dans les états du Roi de Prusse il est né, depuis 1750 jusqu'en 1756, année com-

trouvé encore qu'il naîssoit plus de garçons que de filles, & cela dans la proportion de 20 à 21. En général, la population est en raison du terrein cultivé, & dans les terreins cultivés elle est en raison de la quantité d'hommes nécessaires à la culture : c'est pour cela qu'un pays de vignes & de tabac (*m*) est plus peuplé qu'un pays de chanvre, & celui ci plus qu'un pays de bled.

§. LIX.

Des moyens de favoriser la population.

La force d'un état dépend du nom-

mune, 41000 personnes de plus qu'il n'en est mort. Communément la proportion entre le nombre des naissances & des morts est de 10 à 12 ou 13 : c'est-à-dire qu'il naît 12 à 13 personnes pour dix qu'il en meurt. Plusieurs auteurs ont soutenu que cet accroîssement étoit nécessaire pour conserver le même nombre d'hommes, & parer à ce qu'emportent les maladies épidemiques, la peste, & la guerre.

(*m*) Il paroît encore par là combien la France a eu tort de détruire indistinctement les plantations de tabac, & d'aller acheter ses tabacs des Anglois. Il faut pourtant remarquer que quantité d'abus peuvent rendre cette regle fausse, & que dans certains cas elle souffre exception: l'industrie peut suppléer à la culture, c'est

bre

bre & de l'induſtrie de ſes habitans (*n*) : c'eſt donc à favoriſer la population & l'induſtrie que tend la politique la plus éclairée ; & comme la meſure

ainſi qu'en Hollande la population excede la proportion indiquée, parce que le commerce & l'induſtrie ſervent à pourvoir ces provinces des beſoins de premiere néceſſité : mais ſi le commerce s'affoiblit, ſi l'induſtrie n'eſt plus d'un produit auſſi étendu, la population diminuera, & ſe rapprochera de la proportion indiquée. Pour porter donc la population dans un pays quelconque auſſi loin qu'il eſt poſſible, & pouvoir eſperer avec cela de la conſerver ſur le même pied, il faut écarter les obſtacles dont je vais faire mention.

(*n*) Suppoſons que chaque habitant, riche ou pauvre, paie annuellement à l'Etat trois à quatre écus, & nous aurons un revenu immenſe à la diſpoſition du Gouvernement : dans un pays où les manufactures & les fabriques fleuriſſent, les habitans contribuent beaucoup plus au tréſor public. On a eſtimé la depenſe annuelle d'un citoyen, l'un portant l'autre, en Angleterre à 7 liv. ſt., en France à 100 liv., en Allemagne à 30 ou au plus à 37 écus. La circulation des eſpeces ſera donc conſidérablement augmentée par l'augmentation du nombre des citoyens. Plus il y a de citoyens, plus il eſt aiſé à l'Etat de ſe ſoutenir contre la rivalité de ſes voiſins, & l'on ſait que les troupes mercenaires ne dédommagent pas un Etat de la perte d'une armée compoſée de citoyens.

de la population eſt ſubordonnée à celle de la ſubſiſtance, c'eſt à une ſage Police à commencer par mettre tout en œuvre pour procurer une abondance de denrées (*o*). Les moyens qui favoriſent la population peuvent ſe réduire à ceux ci (*p*) 1. encourager & faciliter

(*o*) Il eſt bien clair que la population s'accroîtra à raiſon de la culture des terres, mais avec cette reſtriction que cette culture ne doit pas nuire à des beſoins eſſentiels. Si l'on changeoit les forêts en champs, on nuiroit plutôt à la population qu'on ne la favoriſeroit. Les pays du Nord ſurtout ont beſoin de bois, la tourbe & les charbons de terre y ſuppléent, mais non pas en tout ni par-tout. Une queſtion qui mérite d'être examinée, c'eſt de ſavoir quelle eſt dans un pays quelconque, entre les champs & les forêts, la proportion la plus favorable à la population.

(*p*) Il eſt inutile, je penſe, de mettre ici au nombre de ces moyens le ſoin d'empêcher les émigrations : il eſt étonnant que l'Allemagne ait ſouffert que l'Angleterre lui enlevât tant de ſujets pour peupler ſes colonies de l'Amérique. Un témoin oculaire atteſte qu'il a vu arriver en Penſilvanie, dans l'eſpace de quatre années juſques à 24 mille colons. Si on ajoute à ce nombre celui des hommes péris dans le voyage, on jugera combien les puiſſances maritimes ont dépeuplé l'Europe pour peupler leurs colonies. C'eſt ſur-tout aux dépens de l'Allemagne que cela s'eſt fait. On ſait

les mariages (*q*) ; cela eſt d'autant plus néceſſaire qu'on a remarqué qu'à peine la cinquantieme partie des hommes ſe marient (*r*) : 2. gêner les mariages dis-

que des marchands, aſſez peu hommes pour ſe réſoudre à faire un commerce d'hommes, ſuppriment les lettres que ces nouveaux colons envoient en Europe, & y en ſubſtituent ſouvent d'autres.

(*q*) La Hollande eſt, relativement à ſon étendue & à la nature de ſon ſol, plus peuplée qu'aucun autre pays de l'Europe. On trouve en Angleterre un plus grand nombre de garçons de l'âge de 40 ans, qu'on n'en trouve de l'âge de 25 dans toute la Hollande. Il y a, en différens pays, quantité d'abus qui nuiſent à la population en empêchant les mariages : de ce nombre ſont la difficulté que les valets mariés trouvent à ſe placer : il en eſt de même des apprentifs mariés, que les maîtres ne prennent qu'avec peine. Ce qu'il y a de pis, c'eſt de mettre un impôt ſur le mariage, comme on le fait en Dannemarc ; il n'y a que le ſoldat, le matelot, & le payſan d'exceptés : cette impoſition monte d'un écu juſqu'à 50. Les Bernois ſont bien plus ſages, ils n'accordent aucun emploi à un homme qui n'eſt pas marié, ou qui ne l'a point été.

(*r*) Il y a des pays proteſtans où ſur 53 & même ſur 60 il n'y en a qu'un qui ſe marie. Dans les pays catholiques cela eſt pis encore. Un des plus grands obſtacles aux mariages eſt le défaut de ſubſiſtance. Dans le Comté de Delmenhorſt le Roi de Dannemarc exemte de

proportionnés (*s*) : 3. prendre toutes les précautions imaginables pour remédier des dangers des enfantemens pénibles, & aux maladies auxquelles les enfants sont sujets (*t*) : 4. veiller à ce que les nourrices

tout impôt le pere de sept fils, pourvu que le ministre du lieu atteste que le pere n'est pas en état de les élever. Dans la petite île de Bornholm il y a un usage qui favorise la population, c'est celui qui donne au cadet les biens-fonds du pere : ordinairement les ainés ont eu le temps de s'établir avec le secours de leurs parens, tandis que les cadets se trouvent dénués de ces secours.

(*s*) Les vieillards, & les gens mal-sains qui se marient avec de jeunes femmes devroient être soumis à un impôt. C'est un abus qui a plus d'un inconvenient. Les gens d'une grande naissance qui épousent des femmes d'une basse extraction, parce que le besoin les y oblige, ou les hommes qui épousent de très-laides & de très-désagreables femmes pour l'amour de leur bien, devroient payer un impôt, qu'on ne leur remettroit que dans le cas où ils auroient un certain nombre d'enfans.

(*t*) Les établissemens pour l'instruction des sages-femmes ne sauroient être trop recommandés : c'est là un soin qu'on prend à Berlin. Parmi les maladies des enfans, qui en emportent beaucoup, il faut surtout songer à la petite verole, à la rougeole, & aux maladies des dents. L'inoculation de la petite vérole trouve aujourd'hui de puissans adversaires : s'il est vrai qu'elle rende cette maladie plus commune, elle est moins utile qu'on ne l'a cru.

ſoient ſaines, attentives, & ſoumiſes à des loix, que l'intérêt ou la malignité leur font ſouvent enfreindre : 5. encourager l'induſtrie des habitans, & leur procurer de l'occupation (*u*) : 6. faire en ſorte que les charges de l'Etat ne tombent point ſur le peuple (*v*). 7. accorder la liberté de conſcience (*x*) ; 8. procurer aux étrangers toutes ſortes de commodités & une pleine liberté (*y*) : 9. naturaliſer les étrangers

(*u*) Les Pays-Bas ſont neuf fois plus peuplés qu'ils ne le ſeroient s'ils ne l'étoient qu'à raiſon du reſte de l'Europe : la Ruſſie, au contraire, l'eſt de la moitié moins qu'elle ne devroit l'être dans cette proportion.

(*v*) Tout dépend du peuple, c'eſt lui qui donne des cultivateurs, des artiſans, des matelots, &c. s'il eſt accablé d'impôts, comment ſongera-t-il au mariage ? on ne gagne rien à partager ſa miſere.

(*x*) La Hollande & les états du Roi de Pruſſe prouvent le bon effet de la tolérance. Ce que la France a perdu depuis la perſécution, eſt incroyable.

(*y*) Frédéric-Guillaume, Roi de Pruſſe, fait à cet égard tout ce qu'il étoit poſſible de faire. En 1720 il établit en Lithuanie pluſieurs colonies de Suiſſes, de François, & d'exilés du Palatinat ; en 1732 il reçut dans ſes états 15500 Saltzbourgeois chaſſés pour cauſe de religion. Il n'y a point de pays où l'on vive avec autant de liberté, que dans le Brande-

qui veulent s'établir dans le pays (z); 10. ne pas souffrir de mendians, mais occuper ceux qui peuvent travailler, & avoir soin de ceux qui ne le peuvent pas : 11. mettre le plus d'obstacles qu'il est possible au grand usage des liqueurs, & à la débauche : 12. ne pas permettre que les villes s'aggrandissent trop (a);

bourg. L'esclavage est destructeur de la population; cela est sensible par ce qui se passe en Amérique, où pour conserver le nombre des esclaves, il faut en acheter tous les ans la vingtieme partie du fonds, c'est-à-dire que le déchet annuel est de cinq pour cent, cependant l'air y est fort sain, les vivres y sont à bon prix, & les maîtres intéressés à voir leurs esclaves multiplier.

(z) En 1709 on accorda en Angleterre la naturalisation à tous les étrangers protestans; mais comme rien n'est parfait en ce monde, on ajouta un impôt à ce privilége.

(a) On compte que Londres tire annuellement cinq mille ames des provinces de l'Angleterre, & cependant le nombre de ses habitans n'augmente pas. En général il faut peu de grandes villes : il est prouvé qu'il y meurt un plus grand nombre de personnes que dans les petites villes & à la campagne : premierement il y meurt plus d'enfants à cause de la difficulté de trouver de bonnes nourrices, & parce que ces enfans naissent plus foibles, vû la corruption des mœurs de ceux qui leur donnent la vie; après cela l'inégalité & l'abondance des alimens, les soucis & les passions

13. veiller avec grand ſoin aux maladies épidémiques; 14. ne pas permettre l'établiſſement des rentes viageres, des tontines, 15 obliger la Police à veiller que les denrées de conſommation ſoient ſaines & non ſophiſtiquées (*b*) 16. faire ôter tous les caveaux des Egliſes, & ne point placer de cimetiere dans l'enceinte des villes, 17. s'aſſurer de l'habileté des médecins (*c*), & des chirur-

qui naîſſent au milieu des grandes villes, les boiſſons fortes, l'air épais, les maladies épidemiques qui y ſont plus dangereuſes, l'état de ſouffrance où les citoyens pauvres ou mal à leur aiſe ſe trouvent, expliquent ſuffiſamment comment la mortalité eſt plus forte dans les grandes villes.

(*b*) On a cette attention à Paris. On découvrit, il y a pluſieurs années, que les épiciers ſophiſtiquoient le poivre, & vendoient la graine la plus noire pour du poivre blanc en la mêlant avec de l'ocre, de la craie, & de la crotte de chien. Un nommé Ourly inventa cet infame ſecret en 1733; on alloit prendre cette crotte dans les chenils de dogues & de chiens de chaſſe pour en faire du poivre.

(*c*) On admire à Berlin le théatre anatomique, où l'on puiſe les connoiſſances les plus eſſentielles à la médecine: on y prend auſſi quelques précautions dans l'examen qu'on fait ſubir aux jeunes-gens qui veulent pratiquer. Mais on pourroit deſirer de la part des méde-

giens, avoir soin qu'il s'en trouve dans toutes les villes, & que les campagnes puissent en trouver aisément, 18. ne pas permettre que les eaux croupissent, & tâcher que partout on ait de l'eau pure, 19. veiller à ce que le peuple ne se jette pas, dans la saison des fruits, sur les fruits qui ne sont pas murs, 20. défendre dans les villes toute occupation qui corrompt l'air, &c. On a remarqué, que la fécondité des mariages n'étoit pas la même partout (*d*). Une maison d'enfans trouvés, & des hopitaux pour les maladies vénériennes sont-ils utiles (*e*)?

cins qu'ils s'appliquassent en particulier à un genre de maladies, qu'ils n'envisageassent pas leur art comme un moyen de vivre à leur aise, qu'ils fissent des éleves, qu'ils observassent de plus près les apoticaires, &c.

(*d*) On a remarqué qu'en Suede les mariages ne donnoient guère que trois ou quatre enfans : dans d'autres pays la fécondité va jusqu'à cinq.

(*e*) Les maisons d'enfans trouvés favorisent trop les célibataires, & les hopitaux enhardissent les libertins. Il faudroit pouvoir calculer le nombre des citoyens conservés dans l'un & dans l'autre de ces établissemens, & le comparer à celui que les mariages, qu'ils ont empêchés, auroient produit, pour bien juger

§. LX.

Le nombre des habitans de l'Europe.

L'Europe feroit bien plus peuplée, fi les colonies qu'elle a envoyées dans les autres parties du monde, & furtout en Amérique (f), fi celles qu'elle y envoie encore, & fi les dangers de la mer n'avoient pas diminué fi confidérablement le nombre de fes habitans (g). Les différens pays de l'Europe dif-

de leur utilité. Les maifons d'enfans trouvés ont le defaut d'en laiffer périr beaucoup: les nourrices en ont peu de foin; le plus fûr moyen d'obvier à cet inconvénient effentiel, ce feroit d'augmenter par degré le falaire des nourrices: il faudroit leur donner peu de chofe le premier mois, mais augmenter leurs gages tous les mois. L'avarice & le défir du gain font dans ce genre de perfonnes un effet bien fûr.

(f) Cependant Uftariz remarque, que les provinces d'Efpagne, qui envoient le plus de monde aux Indes, font les plus peuplées, parce qu'elles font les plus riches.

(g) Columella dit de l'Egypte, que les enfans jumeaux y étoient communs: *gemini partus familiares ac pene folennes funt.* Aujourd'hui il eft démontré, que dans les pays du Nord les femmes font plus fertiles, que dans les pays

fèrent beaucoup eu égard à la population : quelques-uns sont fort peuplés, d'autres le sont peu (*h*). On a trouvé,

méridionaux, & nous savons que l'Egypte n'a plus l'avantage que Columella lui prête. Quelques auteurs ont prétendu que l'Europe, l'Asie & l'Afrique étoient autrefois bien plus peuplées qu'aujourd'hui. M. de Montesquieu a dit, qu'il n'y avoit pas aujourd'hui en Europe la cinquantieme partie des habitans qui s'y trouvoient du temps de César. Tout le monde connoît les calculs exagérés de Vossius : cet auteur, ainsi que Lipse, fait de Rome un monde, & se fondant sur un passage mal entendu de Pline le Naturaliste (L. III. Ch. V.) il donne à cette ville une étendue immense & 14 millions d'habitans, tandis qu'il n'en donne à la France que quatre à cinq. Quelques auteurs, qui jugeoient de même, ont cru que sous l'Empereur Claude il y avoit à Rome 1787000 hommes en état de porter les armes. Mais si l'on fait attention à un passage d'Aristote, on jugera tout autrement : il dit dans sa Morale L. IX. ch. X. *ainsi qu'une ville ne pourroit pas subsister, si elle n'avoit que dix habitans, ou lorsqu'elle* en auroit cent-mille : *de même il faut aussi une modération dans le nombre de ses amis.* Aristote regardoit donc comme une chose impossible qu'une ville eût cent mille habitans ? cela s'accorde-t-il avec cette population si vantée des anciens temps ?

(*h*) Quelques auteurs ne donnent pas six millions d'habitans à l'Espagne : la retraite des

d'après quelques obſervations, que l'Europe avoit à-peu-près 160 millions d'habitans (*i*).

§. LXI.

De la richeſſe d'une nation.

La population d'un pays, ſon com-

Sarraſins, les colonies du nouveau Monde, l'expulſion des Juifs ſous Ferdinand I, celle de 800 mille Maures en 1610 ſous Philippe III, la grande quantité de couvens & de monaſteres, &c. expliquent la raiſon d'une auſſi foible population dans un auſſi beau pays.

(*i*) En ſuppoſant le Globe de la terre de 9 millions 288 mille miles quarrés, & les deux tiers du tout occupés par les eaux, il y auroit plus de 3000 millions de miles quarrés en terre ferme; & en calculant qu'un mille quarré peut ſuffire à la ſubſiſtance de 3000 adultes, il pourroit y avoir plus de 9000 millions d'habitans ſur la terre. D'autres ont ſuppoſé qu'il ne pouvoit y en avoir que trois mille millions. Quoiqu'il en ſoit on n'y en compte qu'onze à douze cens millions, & on en ſuppoſe 650 dans l'Aſie, 150 dans l'Afrique, autant en Amérique, & 160 en Europe. On a calculé qu'il falloit le quart des habitans pour cultiver les terres, & travailler aux arts, aux fabriques & aux profeſſions. Delà il eſt aiſé de conclurre qu'il ne s'y trouve pas aſſez d'habitans pour cultiver les terres cultivables.

merce, son étendue, & l'état de ses récoltes étant connus, on peut juger de sa richesse, comme on peut juger de la quantité des especes qui circulent par le prix des denrées combiné avec leur abondance (*k*). Les avanta-

La Russie a d'habitans environ -	30, 000 000
L'Allemagne - -	24, 000 000
La Pologne & les provinces incorporées - -	22, 000 000
La France - -	20, 000 000
La Turquie - -	16, 000 000
La Hongrie - -	10, 000 000
La grande Bretagne & l'Irlande -	8, 000 000
L'Italie - -	8, 000 000
Le royaume de Naples, non compris la Sicile -	3, 873 975
L'Espagne -	7, 500 000
Les Pays Bas & la Suisse -	6, 000 000
Le Dannemarc & la Norwege -	2, 500 000
La Suède - -	2, 000 000
Le Portugal - -	2, 000 000

(*k*) On en juge mieux ainsi que par le produit des impôts. On estime monter à 1600 millions la quantité d'especes qui circulent en France : cependant le vingtieme n'a produit que 29 millions; c'est-à-dire que suivant ce produit les revenus de la nation ne seroient que de 581 millions. On estimoit du temps du Missisippi l'argent comptant qui se trouvoit en France à 7 millions de liv. sterl. On croit qu'il circule en Angleterre 30 millions de liv. sterling en monnoies frappées au coin de l'Angleterre, & 250 à 300 mille livres sterling en

ges d'un ſol abondant & d'une grande population l'emportant de beaucoup ſur ceux de l'induſtrie & d'un commerce étendu (*l*). La nation qui attachera ſon

différentes monnoies d'or de Portugal, qui ne ſont reputées que marchandiſe. D'autres auteurs ont eſtimé cette ſomme à 50 millions de livres ſterling. Il y a apparence qu'ils ont compris dans cette ſomme les papiers de commerce. On ſuppoſe avec cela que le mobilier vaut en Angleterre 600 millions, & les fonds de terres 370, enſorte que la richeſſe totale ſeroit de mille millions. En Allemagne les eſpeces qui circulent ſont eſtimées à 428 ou 429 millions d'écus; ce qui me paroît pourtant exagéré. Après la paix d'Aix-la-chapelle on refondit les eſpeces des Pays-Bas: cette refonte porta 80 millions de florins de nouvelles eſpeces dans le commerce, & certainement ce n'étoit pas là tout l'argent qui circuloit; pluſieurs particuliers cachoient leurs eſpeces, & il y en avoit beaucoup d'étrangeres qu'on ne ſe ſoucioit pas de porter à la cour des monnoies.

(*l*) Les auteurs Anglois ont prodigieuſement exagéré les avantages du commerce maritime, & d'une marine reſpectable; mais quand on conſidere de bien près que cette grandeur n'a que des fondemens précaires, tandis qu'une nation floriſſante par ſa population & la richeſſe de ſes productions naturelles en a de ſolides & de permanens, on voit que l'Angleterre n'a de ſûr que ce que ſes richeſſes réelles lui ont donné.

induſtrie à donner aux richeſſes territoriales toute la valeur poſſible, jettera les fondemens de la puiſſance la plus durable; mais le plus puiſſant Empire qui prendra ſon néceſſaire de l'étranger, périra. Tout cet ouvrage eſt rempli de preuves de cette vérité.

§. LXII.

Des Langues.

Quoiqu'il ſemble qu'il y ait autant de langues différentes que de peuples différens, il paroît pourtant que toutes ces langues ne ſont que des Idiomes ou dialectes d'une ſeule langue primitive. Mais comment remonter à l'origine, & reconnoître une filiation, au milieu de l'obſcurité dont l'hiſtoire des premiers temps eſt couverte? Tout ce qu'on a écrit à ce ſujet eſt un amas de conjectures, peu propres à établir la vérité. L'on a compté quatorze meres-langues d'une grande étendue; l'on conçoit qu'on a appelé ainſi celle dont il étoit aiſé de dériver quelques autres. Ces meres-langues ſont la langue Latine, la Teutonne, l'Eſclavonne, la Grecque, la langue Arabe, la Tartare, la Chinoise, l'Africaine, celle des Nègres, l'Ethiopienne, la Mexicaine, la Péruvienne, la Galibine, & la Tapuye. Ces quatre dernieres sont renfermées dans le continent de l'Amérique : la langue Latine, dont les langues Françoise, Italienne, Espagnole, & Portugaise sont des branches, s'étend en France, en Italie, en Espagne, en Portugal, &c. La langue Teutonne s'étend en Allemagne, en Suede, en Dannemarc, en Suisse, en Prusse, en Angleterre, dans les Provinces Unies, &c. La langue Esclavonne est celle de la Moscovie, de la Pologne, de la Bohème. Le Grec est la langue de la partie méridionale de la Turquie, & des îles de l'Archipel : l'Arabe celle de l'Arabie, de la Turquie Asiatique, de la Perse, des Indes en partie, de la Barbarie, de l'Egypte, de la Nubie, &c. Le Tartare est la langue de la grande & petite Tartarie, de la Chine & du Mogol en partie : le Chinois n'est guère usité qu'à la Chine, & la langue Africaine ne l'est que dans l'Ethiopie & dans une partie de la Nubie. Les meres-langues d'une moindre étendue, c'est-à-dire celles qu'on ne peut pas aisément faire dériver d'une autre langue, & qui à leur tour n'ont pas donné naissance à beaucoup d'idiomes différens, ces langues, dis-je, se trouvent en quantité dans l'Amérique; il y en a aussi en Afrique; le peu de commerce entre les différens peuples de ces continens en est la cause. L'Europe peut mettre au nombre de ces langues l'Irlandoise, la Finlandoise, la Bretonne, qu'on parle dans la basse Bretagne & dans le pays de Galles, le Basque usité dans le royaume de Navarre, le Hongrois, & l'Albanois qui n'est connu que dans l'Albanie.

§. LXIII.

La Religion.

§. I.

La Religion en général.

La Religion est le culte rendu à la Divinité; on l'appelle naturelle, lorsqu'elle ne s'appuie sur aucune espece de révélation, mais sur les idées que la raison, abandonnée à elle même, peut se faire de Dieu, & du culte que les hommes doivent lui rendre: la religion des idolâtres est une religion naturelle corrompue. Les religions qui ſe fondent ſur une révélation particuliere, ſont celles des Chrétiens, celle des Juifs, & celle des Muſulmans. On a ſouvent écrit ſur l'utilité de la Religion : l'hiſtoire peut ſuffire pour la prouver. Un citoyen utile, mais ſans religion, au milieu d'un peuple qui en a une, ne peut ſervir d'exemple pour en prouver l'inutilité.

§. 2.

La Religion Chrétienne.

C'eſt à la Religion Chrétienne qu'on doit un ſiſtême de gouvernement plus juſte, plus libre, plus éclairé : on lui doit encore la vertu d'obſerver les lois de l'humanité au milieu même des guerres les plus cruelles : ce que les hommes lui doivent de plus précieux n'eſt point de mon reſſort. La religion chrétienne eſt diviſée en cinq branches, ſans compter les ſectes (*m*) particulieres : il y a

(*m*) On peut mettre au nombre des ſectes les Grecs de Géorgie, & ceux de Syrie, les Jacobites, les Arméniens, les Neſtoriens, les Cophtes en Egypte, les Abyſſiniens, les Maronites, les Chrétiens de St. Thomas, &c. ſectes qui ſe rapprochent pourtant davantage des Catholiques Romains, des Grecs, des Luthériens, des Réformés, des Episcopaux : ces trois derniers sont communément appelés Protestans. Il y a eu des gens, dont le zèle étoit louable, mais les lumieres peu sûres, qui se sont occupés de l'idée de réunir tous les Chrétiens à un même culte : on les a appelés *Syncrétistes*. La Religion Chrétienne est répandue par toute la terre ; dans les états Européens du grand Seigneur les deux tiers sont Chrétiens : on compte plus de 20 Eglises à Constantinople, & plus de 30 à Thessalonique : il y en a beaucoup en Afrique, en Asie & en Amérique. On a dit que si on divisoit le monde en trente parties, on en trouveroit cinq occupées par les Chrétiens, six par les Musulmans, & dix-neuf par les idolâtres.

des Catholiques Romains, que des autres branches de la Religion Chrétienne ; comme celles des Anabaptistes, & des Quakers s'approchent davantage des Réformés. Les Sociniens, les Arriens, les Arminiens, &c. forment encore des sectes qui appartiennent à la religion chrétienne en général, puisque ceux qui y sont attachés se qualifient du nom de chrétiens.

(*n*) Cela n'empêche pas qu'il ne se trouve en Portugal un grand nombre de Juifs cachés :

§. 3.

La Religion Catholique.

La Religion Catholique eſt la ſeule, qu'il ſoit permis de profeſſer en Eſpagne, en Portugal (*n*), dans quelques Cantons de la Suiſſe (*o*), dans les

on en trouve même dans les familles les plus illuſtres, parmi les Evêques, les Chanoines, les Moines, les Religieux : on prétend qu'il s'en eſt trouvé parmi les Inquiſiteurs : tant la crainte du Saint-Office a tenu le Judaïſme en eſclavage. Ces Juifs cachés s'abſtiennent de la circonciſion, & ſe conforment quant à l'extérieur, au culte de la religion catholique. Quelques-uns d'entre-eux, lorſqu'ils ſont fort riches, ou qu'ils commencent à craindre la mort, vont ſe réfugier en Angleterre ou en Hollande, & s'y font circoncire : ceux qui n'ont pu être circoncis de leur vivant, le ſont après leur mort par leurs amis ou leurs parens, & alors on a ſoin de clouer le cercueil auſſitôt après que l'opération a été faite. En Eſpagne il y a auſſi quelques Juifs cachés, mais beaucoup moins qu'en Portugal. En Italie on les oblige à porter un chapeau jaune ; à Lucques, de couleur orange.

(*o*) Dans ſept Cantons, ſavoir dans ceux de Lucerne, d'Uri, de Schweitz, d'Untervald, de Zug, de Fribourg, & de Soleure. Il en eſt de même dans trois des pays aſſociés, dans douze bailliages communs, & dans trois cantons ſujets.

Pays-Bas Autrichiens (*p*), en France (*q*); elle est la religion dominante

(*p*) Dans tous les états autrichiens on a fait tout ce qu'on a pu pour extirper le protestantisme : on a vu une requête présentée à l'Impératrice par les Protestans de l'Autriche, & signée par douze mille personnes. On a fait passer tous ces Protestans, en Transilvanie, après les avoir obligés à vendre toutes leurs possessions. Il y a même en Autriche & dans les provinces de Carinthie, de Stirie, &c. une commission, qu'on appelle *Commission de Religion*, qui supprime tous les livres propres à l'instruction des religionnaires, qui empêche que les enfans soient instruits, & qui défend à tout citoyen de s'établir, de quelque maniere que ce soit, s'il ne produit un témoignage de catholicisme signé par le Curé du lieu.

(*q*) Depuis la révocation de l'Edit de Nantes, en 1683, il n'y a point d'autre religion tolérée en France, si l'on en excepte l'Alsace. Cependant on n'a pas encore pu parvenir à détruire les religionnaires, & on y en compte même aujourd'hui au-delà de trois millions. La persécution a été de nos jours renouvelée contre ces malheureuses victimes de la barbarie & de la superstition : on a fait pendre les ministres qu'on a pu convaincre d'avoir préché : on a fait payer à ceux qui les ont écoutés, de fort grosses amendes ; & cette voie de persécution a produit dans le Languedoc, dans l'espace de huit années, depuis 1744 jusqu'en 1752, une somme de 157608 livres, & dans le Dauphiné, dans la seule année de 1750, la somme de 200 mille livres.

en Italie (*r*), en Pologne (*s*), en Hongrie (*t*), dans l'Illyrie Hongroise : en

(*r*) Toute l'Italie est catholique : il y a quelques Vaudois dans le Piémont : les Grecs & les Juifs sont tolérés dans quelques endroits.

(*s*) En Pologne la religion catholique est réputée la seule véritable, & cela en vertu des loix fondamentales de cette République. Les Protestants & les Grecs, qu'on y tolere, sont appelés *Dissidens*. Il y a en Pologne un grand nombre de Juifs, & quelques Arméniens. En vertu des pactes de 1736 on a accordé aux *Dissidens* la confirmation des privilèges, qui leur furent accordés en 1717, & au moyen desquels ils jouissent, en toute liberté, de leurs biens, & des prérogatives de leur naissance. Ceux des Grecs qui dans le culte extérieur se joignent aux Catholiques Romains, sont appelés *Unis*.

(*t*) En Hongrie les Catholiques font à peine la quatrieme partie des habitans : mais cela n'empêche pas que la religion romaine n'y soit la religion dominante. On y tolere les Protestants, parce qu'ils sont les plus forts, on y tolere aussi les Anabaptistes, & les Grecs : une partie de ces derniers se conforment au culte exterieur des Catholiques. Par l'arrêté de la Diète de 1681, tenu à Sopron, on n'a laissé aux protestans que deux Eglises dans chaque Comté. Les Catholiques de ce royaume ont des libertés aussi étendues que celle de l'Eglise Gallicane; on ne sauroit dans aucun cas appeler au St. Siège, & le Pape n'a que le droit de confirmer les élections. Dans l'Illyrie Hongroise il n'y a que les Grecs de tolérés : ils y ont un Archevêque & dix Evêques.

vertu du traité de Westphalie, la religion protestante jouit en Allemagne des mêmes droits que la religion Catholique; il en est de même en Transilvanie (*u*), en Courlande (*v*) & dans quelques Cantons Suisses (*x*) : elle n'est que tolérée dans les Provinces-Unies, en Dannemarc (*y*), en Prusse (*z*), en

(*u*) La Transilvanie n'a que peu de Catholiques : les Sociniens y étoient autrefois les plus forts, mais ils ont encore aujourd'hui un Supérieur général : il y a des Grecs unis : & des Grecs diffidens.

(*v*) La religion Lutherienne étoit autrefois la seule qu'il fût permis de professer publiquement en Courlande. Les Catholiques s'y sont introduits depuis, & y jouissent de plusieurs priviléges, qui furent bien étendus en 1717 & en 1727. Les Réformés y sont tolérés, mais exclus, comme les Catholiques, des emplois civils.

(*x*) Dans les Cantons de Glarice & d'Appenzel, dans cinq bailliages communs, & dans deux des Cantons sujets, les Catholiques & les Protestans ont les mêmes droits.

(*y*) Chrétien III. Roi de Dannemarc, fit publier en 1537 un Edit par lequel il déclara la religion Luthérienne celle de l'Etat. Les Réformés, les Catholiques, & les Juifs ont le libre exercice de leur religion à Copenhague, à Fridericia, & à Fridrichstadt : dans ce dernier endroit on tolere aussi les Quakers, & les Mennonites. Les Catholiques ont des Eglises dans l'Ile de Nordstrandt.

Russie (*a*) en Turquie (*b*). A Rome elle jouit de toutes les grandeurs humaines; c'est là qu'est son chef : en Espagne & en Portugal elle a les ministres les plus zélés & les plus intolérans. Cette religion s'est étendue dans les autres parties du monde; par-

(*z*) Dans les Etats du Roi de Prusse il y a une liberté entiere de conscience : toutes les religions y sont tolérées.

(*a*) Les Russes sont de la religion Grecque, mais le service divin se fait en langue Esclavone. Il y a eu schisme dans cette Eglise : le parti foible porte le nom de *Rostolniki* ou *Rostolschiken*, c'est-à-dire *Rénegat*; le plus fort prend le nom de *Starowerzk* c'est-à-dire de *l'ancienne croyance*. Les Réformés & les Catholiques ont le libre exercice de leur religion : les Arméniens ont une église à Astracan; mais les Jésuites & les Juifs sont bannis de cet Empire. La plus grande partie des habitants de ce vaste Empire est encore dans les erreurs du Mahométisme, ou croupit dans les ténébres du Paganisme. Ceux même qui sont instruits dans la religion Greque ont peu de connoissance de leur religion; jusqu'en 1751, une Bible, en langue Esclavonne, étoit d'une très-grande rareté, elle coûtoit 20 à 30 Roubles. Depuis on en a fait une nouvelle édition; mais la Bible est encore trop chere pour le peuple, elle coûte 5 Roubles.

(*b*) Les Catholiques ont des églises à Constantinople, à Galata & en quelques autres endroits.

tout où les Puiſſances Catholiques ont établi leur pouvoir, elles ont auſſi établi leur religion.

§. 4

La Religion Grecque.

La premiere diviſion de l'Egliſe, en Egliſe Latine & en Egliſe Grecque, ne fut d'abord admiſe, que pour diſtinguer les pays où le ſervice divin ſe ſe faiſoit en langue Grecque. Les deux Evêques, Chefs des deux Egliſes, devenus rivaux, parvinrent bientôt à faire ſoutenir dans leurs Egliſes des opinions différentes. La religion Grecque eſt la religion dominante en Ruſſie (*c*) : elle eſt exercée publiquement

(*c*) Parce qu'elle eſt la religion de l'Etat, mais non pas parce qu'elle eſt celle du plus grand nombre. Le Clergé Ruſſe, non compris la petite Ruſſie, eſt composé de 29 Archevêchés ou Evêchés, de 18319 Egliſes, de 67873 Eccleſiaſtiques, de 468 monaſteres d'hommes & de 74 de femmes, de 6257 moines, de 5264 religieuſes, de onze cloîtres exempts de la juriſdiction des Evêques & où il ſe trouve 1006 moines. Juſqu'au regne de l'Impératrice Catherine II, les Evêchés & Archevêchés comptoient 121454 payſans contribuables, les cloîtres non exempts en avoient 515165, & les

dans

dans tout l'Empire Ottoman (*d*) : elle est tolérée en Pologne (*e*), en Hon-

cloîtres exempts 181956. Par l'Edit de 1764, qui fait monter le nombre des paysans contribuables du Clergé beaucoup plus haut, savoir à 910866, l'Impératrice a converti les services & corvées des paysans en une contribution d'un rouble & demi par an, qu'elle a ordonné à son College économique de faire lever ; le même Edit porte que toutes les terres seroient prises aux Ecclésiastiques, qu'on ne leur laisseroit que ce qu'il faut à leur économie particuliere, ou à leur agrément, & qu'il leur seroit fixé un revenu convenable.

(*d*) Quant à la Turquie Européenne il y a des endroits où les Grecs sont en plus grand nombre que les Musulmans ; cela se trouve surtout dans les Iles. On compte qu'il y en a 400 mille à Constantinople : la Porte a coutume de les désarmer lorsqu'elle est en guerre avec les Chrétiens. Tous les Grecs mâles, depuis l'âge de 14 ans, paient la capitation, qui est à peu près d'un ducat par an : les Ecclésiastiques paient davantage : les Evêques, les Archevêques, & les Patriarches sont à la discrétion du Grand-Visir & des Pachas. Les femmes ne sont point sujettes à la capitation, non plus que ceux qui sont au service du Grand-Seigneur & de l'Etat. Le Patriarche de Constantinople est le chef de cette Eglise ; on fait monter ses revenus à 120000 florins, dont il en paie la moitié à titre de tribut annuel.

(*e*) Les Grecs unis aux Catholiques ont pour chefs de leur Eglise l'Archevêque de

grie (*f*), en Tranſilvanie, & dans l'Illyrie Hongroiſe. Quelques Grecs, à l'exemple de ceux d'Italie (*g*), ſe ſont joints aux Catholiques, quant à l'exercice public de la religion, on les appelle *Unis* : les autres ſont appelés *Diſſidans*.

§ 5.

La Religion Luthérienne.

La religion Luthérienne eſt la religion dominante dans le Dannemarc (*h*), en Norvège (*i*), en Suède (*k*), en

Kiow, deux autres Archevêques, & ſix Evêques.

(*f*) Les Grecs de Hongrie datent leurs priviléges de l'année 1690 : ceux qui ſont unis ont deux Evêques; les diſſidens en ont trois, & à leur tête l'Archevêque de Carlowitz.

(*g*) En Italie les Grecs ont des Egliſes à Livourne, à Veniſe & à Rome.

(*h*) Le Dannemarc a ſix Evêques, la Norvege quatre, & l'Iſlande deux. Le Luthéraniſme y eſt la religion de l'Etat, & celle du plus grand nombre.

(*i*) Dans la Norvege il n'y a que les Lutheriens qui aient un exercice public de leur religion. La Finlande a encore beaucoup d'idolâtres.

(*k*) Depuis 1713 la Suède & la Finlande n'ont reconnu d'autre religion que la Luthé-

Prusse, en Livonie, dans l'Ingrie, dans la Finlande : elle a en Allemagne, & dans la transilvanie (*l*), les mêmes droits que la religion Catholique : elle est tolérée dans les Provinces-Unies, en Angleterre, en Russie, & dans la Turquie (*m*) : elle souffre en Hongrie (*n*), & en Pologne (*o*).

rienne. Tous les Etats, assemblés à la Diète d'Upsal, s'engagerent en 1593 à n'en jamais professer d'autre : elle souffrit dans la suite quelques attaques, dont elle triompha, & ce ne fut qu'en 1741 qu'on accorda aux Réformés & aux Anglicans, le libre exercice de leur religion dans toutes les villes maritimes, excepté à Carlscrown.

(*l*) Les Luthériens de la Transilvanie sont ou Saxons ou Hongrois : les premiers sont en plus grand nombre : ils ont neuf paroisses & un Evêque. En vertu des loix fondamentales le libre exercice de la religion est accordé aux Luthériens, aux Réformés, aux Catholiques, & aux Sociniens.

(*m*) Les Luthériens ont une église à Constantinople ; elle fut accordée aux Suédois : ils en ont à Jassi, capitale de la Moldavie.

(*n*) Quoique la religion Luthérienne soit en Hongrie celle du grand nombre, elle gémit pourtant sous le joug de l'oppression. La politique s'est opposée à cette persécution sourde : mais le fanatisme ferme l'œil que la prudence ouvre.

(*o*) Aujourd'hui les Luthériens ont encore,

Aux Indes Orientales, les Danois ont une miſſion à Tranquebar (*p*), & il y a des Luthériens dans quelques isles de l'Amérique.

§ 6.

La Religion Réformée.

La religion Réformée eſt la religion dominante dans les Provinces-Unies, dans une partie de la Suiſſe (*q*), en Ecoſſe, où on appelle les Réformés Presbytériens. En Allemagne & dans la Tranſilvanie elle a les mêmes droits que la religion Catholique, il en eſt

dans la grande Pologne, 87 Egliſes, quatre dans la petite, & cinq dans le grand Duché de Lithuanie.

(*p*) Dès 1705 on y envoya des Eccléſiaſtiques : & en 1755 on comptoit dans la ville de Tranquebar 4571 convertis, & 5785 dans la campagne. Cette miſſion eſt compoſée de huit miſſionnaires, de deux prêtres de campagne, & de 35 aides nationaux. L'établiſſement d'une Imprimerie en caracteres Malabares & Portugais, eſt la ſeule que les Chrétiens d'Aſie aient encore : on y a imprimé une traduction du vieux Teſtament en Portugais, & du nouveau en langue Tamul.

(*q*) Savoir dans les Cantons de Zurich, de Berne, de Baſle, & de Schafhauſen, ainſi que dans quelques bailliages, &c.

de même dans quelques Cantons de la Suiſſe (*r*) : elle eſt tolérée en Angleterre, en Hongrie, en Pologne (*s*), en Courlande, dans le Dannemarc, en Suède, & en Ruſſie. Elle eſt dans l'oppreſſion en France. Les Hollandois l'ont portée aux Indes Orientales & Occidentales.

§. 7.

La Religion Anglicane.

l'Egliſe Anglicane ne differe guère de l'Egliſe Réformée, que par ſa Hiérarchie. On appelle la premiere épiſcopale, & l'autre presbytérienne ; les Anglicans ſont les plus forts en Angleterre & en Irlande. Les Anglois qui ſe trouvent ſoit à Amſterdam ou à Rotterdam, ont dans chacune de ces deux villes une égliſe ; ils ont également liberté de conſcience en Suède, & en Ruſſie : en France on leur a accordé une chapelle à Bourdeaux, & en Italie une à Livourne. Dans les colonies des Indes

(*r*) Savoir dans les Cantons de Glaris & d'Appenzel, dans quelques bailliages, & dans quelques pays ſujets.

(*ſ*) Les Réformés ont dix Egliſes dans la grande Pologne, ſept dans la petite, & trente dans le grand Duché de Lithuanie.

occidentales, & dans celles de l'Amérique. l'Eglise Anglicane est la seule dominante.

§. 8.

La Religion Juive.

Il y a peu de Juifs en Europe, beaucoup en Asie, quelques-uns en Afrique, & point du tout en Amérique. Ils ne sont point tolérés ni en Portugal, ni en Espagne, ni en France, ni en Russie, ni en Suede, ni en Norvege. Il n'y a point de pays en Europe où il y en ait plus qu'en Pologne & en Lithuanie (*t*). Les priviléges les plus considérables que les Juifs aient obtenus, sont ceux que le Roi des deux Siciles leur accorda en 1740; ils leur sont assurés pour cinquante ans. A Livourne ils jouissent de très-grandes libertés. En Angleterre on a voulu les naturaliser: mais la nation ne s'est point prêtée aux vues du Gouvernement. Ils ont des Synagogues presque par-tout où ils sont établis.

(*t*) On en peut juger par la capitation qu'ils paient, elle monte pour la Pologne à 220000 florins de Pologne, & pour la Lithuanie à 120000 florins.

§. 9.

La Religion Musulmane.

En Asie, la religion Mahométane est presque la seule de l'Arabie, elle est la dominante de la Turquie Asiatique, de la Perse, du Mogol, des parties occidentales de la grande Tartarie, de la partie septentrionale de la presqu'isle de l'Inde en deça le Gange, des isles Maldives, de la plus part des isles de la Sonde, & des Molucques. En Afrique, elle domine en Egypte, dans la Barbarie, dans la Nubie, dans le pays des Nègres, &c. En Europe, elle domine dans les Etats du grand Seigneur, dans la petite Tartarie, & parmi les Tartares de la Moscovie. On la trouve encore en beaucoup d'autres endroits de l'Asie & de l'Afrique (*u*) mais principalement en Abyssinie. Autrefois le chef de la religion Musulmane, appelé *Caliphe*, c'est-à-dire, grand Pontife, étoit encore souverain pour le temporel : depuis la ruine de

(*u*) Il faut pourtant savoir qu'exceptés le grand Seigneur, le Roi de Perse, les Princes Arabes, & le Khan des Tartares, les autres Princes n'ont que des sujets idolatres, & il n'y a de Mahométans qu'eux & les personnes de la premiere condition.

l'Empire des Sarrazins, les Turcs appellent *Muphti* le chef de leur secte (*v*), & les Perses *Mustœdini* celui de la leur.

§. 10.

Les Religions Payennes.

On comprend sous le nom de religions Païennes toutes les autres religions qui, infectées de l'idolatrie, ne se ressemblent souvent, que parce qu'elles sont également absurdes. Parmi ces religions il y en a six qui sont connues, savoir celle des Brachmanes, celles de Lauzu, de Xaca, des Parsis, de Jukaio & de Lama. Celle des Brachmanes, autrefois la seule de tout l'Indostan, & de la presqu'isle de deça

(*v*) Musulman signifie vrai croyant. Mahomet, fondateur de cette religion, fut un homme d'une profonde politique : sa religion, qu'il calqua sur le Judaïsme & sur le Christianisme, souffrit des divisions. Deux grandes Sectes, celle d'Omar que suivent les Turcs, & celle d'Aly qui est celle des Perses, la partagent en deux grandes branches : il y a ensuite plus de 70 differentes sectes. On appelle la secte d'Omar celle des *Sunnis*, & celle d'Aly la secte des *Kyahis*. Les Mahométans ne rejettent point la Bible, mais donnent une autorité plus grande à l'Alcoran.

le Gange, n'y eſt, depuis que le Mahométiſme s'y eſt introduit, que la religion du plus grand nombre (*x*) : leur grand Pontife eſt appelé *Diſtore*, & leurs livres ſacrés *Védam* & *Shaſter*. La religion de Jukaio eſt la religion des Lettrés de la Chine, & celle de la Cour : le livre ſacré des Chinois eſt appelé *Sancai* ou *triple doctrine*. La religion de Lauzu n'a cours qu'à la Chine,

(*x*) Les Nations Septentrionales de l'Indoſtan ſont idolâtres : mais leur religion eſt bien moins chargée de ſuperſtitions & de cérémonies que celle des nations méridionales : auſſi les habitants du Nord n'eurent-ils pas de peine à embraſſer le Mahometiſme ; ils forment aujourd'hui les Affghans ou Patanes, qui ont eu beaucoup de part aux dernieres révolutions du Mogol. Les Mahométans qui ſe ſont établis dans l'Inde, font une nation redoutable, les Européens les appellent Maures ; & quoiqu'ils faſſent à peine la dixieme partie des habitans, ils gouvernent pourtant ſous l'autorité du Grand Mogol la plus grande partie de l'Indoſtan. Ce ſont les Indiens qui dans le Mogol cultivent la terre, fabriquent cette immenſe quantité de toiles, & font le commerce de l'Empire : les Mahométans ne ſont guere occupés qu'à lever les impôts, ou à ſervir autrement l'Etat.

On reproche aux Hollandois de n'avoir pas aſſez d'attention à envoyer par-tout des Prêtres pour l'inſtruction & la conſolation des colonies, & de négliger trop ce qui regarde les Miſſions

ſon Pontife eſt appelé *Ciam*. La religion de Xaca & Amida eſt celle de preſque tous les Etats de la preſqu'iſle de l'Inde au-delà du Gange, la plus générale du Japon, & l'une des trois de la Chine. La religion de Lama a pluſieurs choſes empruntées de la religion Chrétienne, elle eſt celle des Tartares voiſins de la Chine, & s'eſt introduite dans la Chine : ſon Pontife eſt appelé *Lama-Conioc*, & ſon livre ſacré *Cho-Conjoc*. L'adoration du ſoleil & du diable étoit le culte le plus généralement reçu dans l'Amérique, avant que le Chriſtianiſme y fût porté : les ſauvages du Canada, de la Guiane, du Bréſil, &c. adorent encore le diable : l'adoration du ſoleil eſt le ſeul culte d'une partie des peuples du Pérou, de la Floride, du nouveau Mexique, &c. Quant à l'Europe une

pour la converſion des idolâtres. A Bantam où il y a 300 Européens, & à Java où il y en a 1500, il n'y a point de miniſtres : il en vient un tous les deux ou trois ans de Batavia pour adminiſtrer les Sacremens : on n'a à leur place que des conſolateurs de malades. On a établi un ſéminaire à Ceylan ; il réuſſit, & il y étoit d'autant plus neceſſaire qu'un eccleſiaſtique aux Indes doit ſavoir ou le Malaye, ou le Malabre, ou le Portugais.

(*y*) Dès l'an 1600 Charles IX, Roi de

partie des Lapons (*y*) & les Samoje-des (*z*), ainsi que quelques habitans

Suède: fit bâtir plusieurs églises dans la Lapponie, & la Reine Christine eut grand soin qu'elles ne manquassent pas de Ministres. Fréderic IV, Roi de Dannemarc, établit une nouvelle mission en 1706, & en 1714 on établit un collége qui ne devoit être occupé que du soin de convertir ces idolâtres. Avant ces missions la religion des Lappons étoit un mêlange de quelques idées du Christianisme & de beaucoup d'absurdités païennes : il y a apparence que ces idées tirées de la religion Chrétienne leur furent communiquées dans le temps où l'on étoit occupé à la conversion des habitans de la Norvège & de la Suède, avec lesquels ils étoient en liaison : on a même trouvé qu'ils avoient connu & pratiqué depuis long-temps l'usage des sacremens, & c'est ce qui explique pourquoi le signe de la croix est si commun chez eux. La mission Danoise est composée de plusieurs ministres, partagés entre les paroisses de 13 districts : dans la Lapponie Suédoise il y a beaucoup d'églises & d'écoles : tout ce qui regarde cette mission, ainsi que les affaires ecclésiastiques de cette province est entre les mains d'un collége qui n'est occupé que de cela.

(*z*) Ces peuples qu'on est obligé de contenir dans le devoir, vu les tentatives qu'ils ont faites pour secouer le joug de la domination, vivent encore dans les ténèbres du Paganisme. Les Russes se sont contentés jusqu'à présent, d'y introduire une meilleure police.

du Gouvernement de Nischnei-Nowogrod, qu'on appelle Tscheremisses & Tschuvasques (*a*), sont encore livrés aux superstitions du paganisme. Il y a des missions destinées à leur conversion.

§. II.

De l'influence des differentes religions connues sur le bonheur & la prosperité de l'Etat.

Ce n'est pas l'intérêt de l'Etat, qui doit décider de la vérité d'une religion : mais c'est un grand préjugé en faveur d'une religion que de la trouver la plus convenable à la prospérité de l'Etat & au bonheur des citoyens. Il ne seroit pas difficile de prouver que c'est la religion Chrétienne qui est la plus propre à ce but : je le suppose, & il ne reste qu'à savoir laquelle des sectes chrétiennes l'emporte à cet égard.

M. de Montesquieu a prétendu que

(*a*) Leur grand-prêtre, qui fait les offrandes, s'appelle *Jugtusth*, & celui qui est sous lui *Muschan*. Les Tschuvasques sont en grand nombre, ils adorent le soleil, & disent cependant qu'ils ne reconnoissent qu'un Etre suprême, qu'ils appellent *Tora*.

la religion Catholique convenoit davantage au gouvernement monarchique, & la religion proteſtante au gouvernement républicain : l'expérience prouve cependant le contraire : ce célèbre auteur a ſans doute cru que la religion catholique, tendant au deſpotiſme, convenoit d'autant plus aux Etats monarchiques, qu'elle ſe trouvoit avoir les mêmes vues : mais c'eſt par cette raiſon-là même qu'elle ne convient point aux monarchies, qui enviſagent tout pouvoir rival comme un principe deſtructeur de leur autorité. Quand on fait réflexion que la religion cotholique ôte aux Souverains le gouvernement de l'Egliſe, pour les remettre entre les mains du Pape ; qu'elle prétend que le Saint Siége a le droit de diſpoſer, à ſon gré, de toutes les dignités & de tous les bénéfices eccléſiaſtiques (*b*) ; qu'elle exige le célibat des prêtres, &

(*b*) Il eſt vrai que tous les Etats Catholiques ne ſont pas dans le même cas : dans quelques uns les Souverains jouiſſent du droit de collation, du moins pour une partie des bénéfices : mais l'hiſtoire nous apprend combien il leur en a coûté. Le Pape ne tire point d'Annates, & ne diſpoſe d'aucun bénéfice au Pérou & au Mexique.

(*a*) On a vu de nos jours combien le trop

accumule le nombre des fêtes (*c*); que le nombre (*d*), la richesse (*e*) & le

grand nombre de fêtes faisoit de mal : aussi dans quelques pays Catholiques, entre autres dans les Etats de l'Impératrice Reine, l'a-t-on considérablement diminué. Cinquante jours, que les Anglois travaillent plus que les François, sont pour l'Angleterre un gain de 12 millions de livres str. Or comme on compte 18 à 20 millions d'habitans en France, & sept en Angleterre, il paroît que le gain que les François pourroient faire par la suppression de cinquante fêtes, monte à 30 millions & demi de livres sterling.

(*d*) Pour juger de l'abus, il n'y a qu'à compter le nombre des cloîtres dans les pays catholiques. Il s'en trouve 900 en Portugal, 3169 en Espagne, 16040 en France, 724 en Pologne, &c. Du temps du Pape Paul IV, au milieu du XVIeme. siecle l'Eglise Romaine comptoit 288 mille paroisses, & 44000 cloîtres ou couvents : ce nombre a plutôt augmenté que diminué depuis ce tems-là. Suivant un état bien exact, il se trouvoit en 1747 dans les 22 provinces de la Couronne de Castille 5708740 ames, parmi lesquelles il y avoit 137627 personnes vouées au service de l'Eglise, & possedant la moitié des terres cultivées : & dans les provinces de la Couronne d'Arragon, on comptoit 1534804 ames, dont 42419 appartenoient au Clergé. Un Conseiller Espagnol, nommé Campomanes, rapporte que dans les Provinces du Royaume d'Espagne on comptoit parmi 6322172 habitans, 141840 personnes attachées

luxe des Eglises & des cloîtres passent toutes les bornes qu'une saine

à l'Eglise, & que les premiers avoient 19792187 1 réaux de revenus, & les seconds 21937619. L'Eglise jouit donc en Espagne de la moitié des revenus du royaume, & s'est attaché la septieme partie des habitans. En Portugal la cour de Rome tire près de la quatrieme partie des revenus du Clergé. En France on compte 406842 personnes appartenant au Clergé national, & le revenu de ces personnes est estimé monter à 119593596 livres. Dans le royaume de Naples, non compris la Sicile, on compte 3873972 habitans, sans compter le militaire, parmi lesquels il se trouve 53626 prêtres, 30484 moines, & 23246 religieux : c'est ce qui paroît par le Cadastre dressé en 1768.

(*e*) En Pologne les Eglises & les cloîtres possedent au-delà de deux tiers des biens fonds du royaume. La dîme ecclésiastique, tous frais déduits, fait un cinquieme de tous les revenus de l'Etat. Dans le royaume de Naples, le Clergé, au rapport de Gianone, possede les deux cinquiemes des terres, & si l'on y ajoute les donations, les dîmes, &c. on trouvera que le Clergé y jouit des quatre cinquiemes des revenus du royaume. Il faut que l'abus ait été bien loin, puisqu'en 1751 le Pape consentit au dessein qu'avoit formé le Roi des deux Siciles de diminuer le nombre des cloîtres. En Espagne les revenus des Archevêques & des Evêques montent à 1314667 écus d'Allemagne, & les Chapitres en ont bien autant. Il a paru en France une carte où se trouvent représen-

politique pourroit leur prescrire; que le Clergé prétend être exempt (*f*) des

tées toutes les possessions des Jésuites en France; elle fut faite en 1706 sur les rapports des Peres la Chaise & Menétrier. On voit par là que dans ce royaume ils avoient alors 612 Collèges, 340 résidences, 59 noviciats, 200 missions, 24 maisons professes, & qu'on y comptoit 20 mille personnes attachées à leur Ordre, qui aujourd'hui se trouve extirpé dans ce royaume.

(*f*) Peu à peu on cherche à obliger le Clergé de se soumettre, sur cet article, à ce que demande l'ordre public. On le fait contribuer en France, dans les Etats de l'Impératrice-Reine, & dans ceux du Roi de Sardaigne. Le Roi de Sardaigne exerce le droit d'imposer le Clergé, en le chargeant de pensions, jusqu'au tiers des revenus qu'il possède : avec cela tout ce que les cloîtres & monasteres ont acquis depuis 1600 est sujet aux impositions générales. En France, le Roi n'a pas besoin du consentement du Pape, pour lever des deniers sur le Clergé de son royaume : depuis 1753 il en tire une somme de 12 millions par an, outre le don gratuit dans les cas extraordinaires, & ce don gratuit fut en 1755 de seize millions. Par un Edit de 1765 le Roi d'Espagne oblige le Clergé à payer les mêmes droits que ses autres sujets sur tous les biens par eux acquis depuis 1737, & il lui défend d'acquerir des immeubles à l'avenir. Un autre Edit, confirmé par le Pape, défend aux Ordres Monastiques d'avoir au delà de quatre novices à la fois, & enjoint à

charges que l'Etat impoſe; qu'il s'arroge de grands priviléges, un rang diſtingué, une exemption de la juriſdiction de ſes juges naturels; qu'il eſt toujours prêt à employer l'excommunication & même l'inquiſition, pour parvenir à ſes fins; que ſon intolérance eſt cauſe de ces émigrations qui affoibliſſent un état (*g*); enſin que les

tous les moines répandus dans les campagnes, pour y faire les fonctions de fermier ou d'adminiſtrateur, de ſe retirer dans leurs couvens. L'Impératrice-Reine a obtenu du Pape de lever le dixieme ſur les revenus du Clergé pendant l'eſpace de 15 ans; cela a rendu deux millions de florins. Elle a ôté au Clergé toutes les franchiſes & immunités dont il jouiſſoit; elle l'a ſoumis à la contribution, & a ordonné que les Ordres mendians devoient s'en tenir, par rapport au nombre des moines, à ce qui s'en étoit trouvé lors de la fondation. On avoit formé le projet de réduire tous les eccléſiaſtiques à la portion congrue, & de revendiquer toutes les acquiſitions depuis 1664 en payant au Clergé deux pour cent de tout ce qu'on leur prendroit.

(*g*) La France eſt un exemple du mal que fait l'intolérance & des mauvaiſes ſuites que traîne après elle l'émigration des citoyens. On trouve des François partout; on prétend même qu'il y en a plus de dix mille dans les Etats du Grand Seigneur. Qui ne ſait que ces malheureuſes victimes de la perſécution la plus odieuſe

pays catholiques envoient tous les ans à Rome des sommes très-considérables, qui n'en reviennent jamais; quand, dis-je, on fait réflexion à des abus de cette nature, il est difficile de ne pas voir que la religion catholique énerve l'Etat, humilie la dignité des Souverains, & detache les sujets de l'obéissance qu'ils doivent à leur maître: l'on ne sauroit disconvenir qu'à tous égards la religion protestante ne convienne non-seulement beaucoup plus aux Etats republicains, mais encore aux Etats monarchiques.

§. LXIV.

Les Sciences.

Par Science on entend un assemblage de vérités ou de probabilités, rangées en un certain ordre, & appartenantes à un certain genre. Il y a des sciences de pur raisonnement, il y en a de crédulité, si j'ose ainsi parler: les premiers supposent qu'à l'aide de principes incontestables ou d'axiomes, & d'observations ou d'expérien-

ont été porter partout leurs biens, & ce qui plus est, leurs talens & les arts qu'ils professoient?

ces on ſe forme des idées claires, & on cherche à découvrir ce qui eſt vrai ou probable : telles ſont les ſciences mathématiques & philoſophiques. Les Sciences de crédulité ſont celles où l'on s'en rapporte, du moins pour les vérités fondamentales, au témoignage ou au jugement de quelqu'un : telles ſont la théologie, l'hiſtoire, la juriſprudence poſitive, qu'il faut bien diſtinguer de la juriſprudence philoſophique, la politique, proprement dite, différente de la politique générale qui en eſt la baſe, la géographie phyſique & politique, la philologie, &c. Les Sciences ſont encore plus utiles que les Beaux-Arts; ce ſont elles qui éclairent la raiſon, qui perfectionnent les mœurs, qui épurent la religion, en s'oppoſant au fanatiſme & à la ſuperſtition, & qui prêtent des ſecours puiſſans à ceux qui travaillent à perfectionner les arts, les manufactures, les fabriques, &c. Lorſqu'on veut connoître les progrès qu'une nation a faits à cet égard, il faut examiner le goût qui y domine, les ſciences qui y ſont le plus en honneur, quels ſont les établiſſements deſtinés à l'inſtruction de la jeuneſſe, quels ſont les encouragements employés à exciter l'émulation & l'ambition des jeunes gens & des gens de lettres, quelle protection le Souverain leur accorde, dans quel état se trouve la librairie, quelle est la liberté des opinions & de la presse (*h*), quel cas on fait des gens de lettres, &c. Ce n'est pas ici le lieu d'entrer dans de grands détails; malheur à la nation qui envisage les lettres comme un métier (*i*), la noblesse, les richesses, & le rang comme des titres pour mé-

(*h*) En Espagne un livre qui vient des pays étrangers, ou qui doit être imprimé dans le pays, est examiné six fois : il en est de même en Portugal. Il y a 22 Universités en Espagne, & la philosophie y gémit sous le joug de la superstition.

(*i*) Une scene du Bourgeois gentil-homme, digne de Lucien & d'Aristophane, fut cause que M. le Tellier, Chancelier de France, donna des réglemens pour faire traiter plus honorablement ceux qui enseignoient la Jurisprudence. Moliere s'étoit moqué des philosophes, qui alloient, comme des maîtres à danser, montrer de maison en maison, à raisonner & à penser. M. le Tellier qui voyoit que des jurisconsultes en faisoient autant, crut devoir rendre à cette profession honnête, la considération qu'elle merite. Qu'on jette un coup d'œil sur ce qui passe de nos jours, & on verra que ce n'est pas pour en tirer un pareil fruit que nous allons voir représenter le Bourgeois gentilhomme.

riter l'eſtime publique : une nation qui penſe ainſi eſt encore barbare (*k*).

§. LXV.

LES BEAUX-ARTS.

L'utilité que l'Etat retire des Beaux-Arts ne ſauroit être conteſtée. On comprend ſous ce nom l'Eloquence, la Poéſie, la Muſique (*l*), la peinture (*m*),

(*k*) Il me ſeroit fort aiſé de montrer ici combien les ſciences répandent de jour ſur la théorie des finances, combien elles ſervent à faire fleurir le commerce, & proſpérer toutes les profeſſions, combien elles ſont propres à diriger la police, en un mot, à prouver la ſupériorité d'un financier inſtruit ſur un financier qui n'a qu'une groſſiere routine : mais je crains de m'étendre trop ſur un ſujet qui n'a pas beſoin de preuves.

(*l*) La Muſique, ou l'art de la mélodie & de l'harmonie, qui naiſſent de la réunion des ſons, eſt comme tous les autres arts, parvenue inſenſiblement à un plus grand degré de perfection; il n'y a que cet art où les amateurs fanatiques de l'antiquité conviennent qu'il faut laiſſer la prééminence aux modernes. On entend ordinairement par muſique ancienne, celle qui fut connue juſqu'au XIème. Siecle, où Guy Aretin inventa la muſique à pluſieurs parties : ce fut lui qui rangea le premier les notes, qui auparavant n'étoient que ſur deux lignes, la premiere pour le chant & la ſeconde pour

la Gravure, (*n*), la Sculpture (*o*),

l'accompagnement. Jean de Meurs perfectionna, à la fin du XIVeme Siecle, ce que le moine Aretin avoit commencé, il diversifia les signes, les notes n'étant jusqu'alors que des points. St. Ambroise & le Pape Damase introduisirent dans l'Eglise la musique, qui n'y étoit point encore d'usage. La musique est ou instrumentale ou vocale. On connoît trois especes d'instrumens 1°. les instruments à cordes, dont les uns se touchent avec les doigts, comme le luth, la harpe, le cistre, le tuorbe; les autres avec l'archet, comme le violon, le violoncelle, la basse de viole, &c. & enfin quelques-uns dont les cordes ne se touchent pas avec les doigts, mais avec de petits fers, ou de petites plumes, que les doigts font mouvoir, comme l'épinette le clavecin, le piano-forte : 2°. les instrumens à vent, comme les orgues, la flute, le hautbois, le cor de chasse, la cornemuse, le cervelat harmonique autrefois destiné à faire la basse, comme aujourd'hui le basson, &c. 3°. les instruments de percussion, comme le tambour, la timbale, le psalterion, &c. Parmi les musiciens Italiens qui se sont fait le plus de réputation, il faut surtout placer Corelli, Pergolese, Vivaldi, &c.; parmi les musiciens François, Lulli, son disciple l'Alouette, Bousset, Brossart, Clérambaut, Eustache du Caurroy, &c. parmi les Allemands, l'immortel Craun, Hendel, Hasse, &c. De nos jours il s'est élevé en France de grandes disputes au sujet de la musique; quelques gens de lettres se sont portés pour la musique Italienne, & ont décrié celle de leur nation : la *Serva Padrona* du cé-

l'Architecture (*p*) & la Danse. Quel-

lèbre Pergolese a été en France le triomphe des amateurs du goût Italien.

(*m*) Nous avons vu plus haut les différentes manieres de peindre : ici nous parlerons de l'art, mais nous ne saurions entrer dans de longs détails, cela nous meneroit trop loin. Il suffira de remarquer qu'on divise la peinture en antique & en moderne : la premiere prend tout le temps qui s'est écoulé depuis Alexandre le Grand jusqu'à Pocas, (selon d'autres jusqu'à Constantin le grand) sous l'empire duquel tous les arts furent détruits; la seconde s'étend depuis le rétablissement des arts jusqu'à nos jours. Quant à l'art de peindre avant le temps d'Alexandre, les savans ne sont pas fort d'accord sur le degré de perfection où il parvint. M. l'Abbé Fraguier a cru trouver, dans la description qu'Homere donne des tapisseries d'Hélène & d'Andromaque, une preuve complette que le grand art de la peinture étoit connu avant le siege de Troie. Cependant il est assez clair par tout ce que nous savons des anciens, que c'est bien tard qu'on a connu ce qui regarde le clair-obscur, la dégradation des lumieres, & les bienséances de la composition. On divise ordinairement les peintres & leurs tableaux en écoles : il y a l'école Florentine, l'école Romaine, Lombarde, Vénitienne, Allemande, Flamande, & Françoise.

Ce sont sur-tout les Hollandois, & les Brabançons, qui font un commerce de tableaux : on s'est donné beaucoup de peine à Rome, pour y conserver les originaux que les princes, qui forment des cabinets & des galeries, & sur-tout les Anglois cherchent à en tirer;

ques pays de l'Europe femblent les négliger entièrement; dans d'autres on ne les cultive que foiblement, quelques-

on commence à fe relâcher un peu là-deffus, depuis que les grands tableaux des Eglifes fe copient d'une façon toute nouvelle: c'eft une efpece de peinture à frefque, qui fe fait avec une pâte calquée fur une grande table de marbre, & dans laquelle on enfonce de petits morceaux de marbre colorés différemment.

Parmi les peintres les plus célèbres, & dont on achete fort cher les tableaux & les portraits, il faut fur-tout compter Raphaël, dont le deffin, l'invention, & les draperies font fort eftimés; Michel Ange de Caravage, furnommé Amérigi, qui excella dans les nudités & dans le racourci (Michel-Ange Buonarotti & Michel-Ange des Batailles furent auffi de grands peintres, mais le premier eft plus connu par fes talens fupérieurs pour la fculpture); le Guide Rubens dont le deffin eft inimitable, le Titien qui fut fupérieur à tous les autres dans les tableaux d'hiftoire & dans le coloris, le Correge célèbre dans la magie des platfonds, Albert Durer, l'Apelle de l'Allemagne, Van Deick, Lucas Dranach, les deux Holbeins, Sandrat, &c. J'ajouterai à ces noms illuftres les noms des autres peintres qui fe font rendus célèbres dans leur art: l'Italie en a produit le plus grand nombre; tels furent Cimabue, le premier peintre célèbre après le rétabliffement des arts; il eft du XIII Siecle: André del Sarte, Denis Calvart, de l'école duquel fortirent l'Albane, & le Dominiquin: le Par-

uns

uns ſont célèbres par le nombre des

méſan, le Tintoret, le Mutian, Paul Véronéſe, Jules-Romain, Annibal & Louis Carrache, Léonard de Vinci, Pierre de Cortone, Carle Maratte, Gentil & Jacques Bellin, Grimaldi ſurnommé le Bologneſe, le Guerchin, Lucas Jordan ſurnommé Fapreſto, Jean Manozzi, Pierre Perrugin, le Pardenon, le Roſſo, Sébaſtien del Plombo ou Fra-Baſtien, Charles Lotti, Ricci, & une foule d'autres. La France a eu également de très-grands peintres; tels furent Simon Vouet, Nicolas Pouſſin, le Brun, le Sueur, Blanchard, Pierre Mignard, Noël & Antoine Coypel, Jouvenet, Champagne, Nic. Bertin, Blanchet, Boulogne, Fr. Deſportes, Largilliere, Claude-Lorrain, le Moine, Rigaud, Santerre, Louis Teſtelin, Jean Vanloo, Peſne, Vivien, &c. On place au nombre des grands peintres Flamands, Lucas de Leyde, Jacques Jordan, Mulmaer, Gaſſel, Briel, Pierre de Laer, Corn, Vroom, Van der Velde, van der Meer, Van der Werff, Martin de Vos, Wouvermann, Pierre & Jean Breugel, Jean & André Both, Corn Bega, Berghem, Heemskerck, &c. Enfin on met au nombre des grands peintres Allemands, Chr. Schwartz, Terbourg (Suiſſe), Rhotenhamer, Jean de Calcar, Rembrand, Charles Screta, Bauer, Graff, Eltzheimer, Kneller, Lely, &c. Je ne parle point des artiſtes célèbres de nos jours.

(*n*) Les Anciens n'ont connu que la gravure, en relief & en creux, des cryſtaux & des pierres : la gravure au burin, à l'eau forte, en maniere noire, en clair-obſcur ſont

amateurs, & par les talens des ar-

des découvertes modernes. La gravure sur pierre est d'une très-grande antiquité: on se sert, pour graver ainsi, de l'emeril, du diamant, & d'une roue mise en mouvement par une autre : la gravure qui se fait en relief est bien plus aisée que celle qui se fait en creux, parce que dans la premiere l'ouvrier voit toujours son ouvrage, au lieu que pour le voir dans l'autre, il faut avoir recours aux empreintes. Lorsque les beaux arts sortirent de la barbarie, sous Laurent de Médicis, la gravure eut aussi des succès & ses artistes, Jean Bernardi, Jean de Florence (surnommé Delle Cornivole, des Cornalines) & Dominique (surnommé de Camei, Camées ou pierres gravées en relief) furent les premiers graveurs qui se distinguerent : mais Bernardi fut le premier qui dans la gravure en creux atteignit la perfection où les Anciens étoient parvenus. Claude Birague fut le premier qui grava sur le diamant; Coldore, graveur François célébre à la fin du XVIeme. siecle, se distingua beaucoup; on connoît encore en ce genre Pierre Marie de Persica, Michellino, Mat. Benedetti, Attio Morotti, le Carodosso, Furius Severe de Ravenne, Antoine Rossi, Math. del Nassaro, Valerio Vincentini, Sirlet, graveur François qui mourut dans le courant de ce siecle, après s'être fait une grande réputation; mais Lorent Natter a été de tous les modernes celui qui a porté le plus loin la gravure sur pierre: il étoit un excellent Médailliste, & avoit une grande connoissance de l'Antique; né au commencement de ce siécle

tiſtes (*q*). Il importe de connoître à cet égard les avantages des

à Biberach en Suabe, il eſt mort en 1763 à Pétersbourg. La gravure en bois fut inventée par un Allemand, nommé Lupert Ruſt : on a de ſon diſciple Martin Schœne de Colmar des eſtampes de 1460 : la gravure au burin ne fut découverte qu'après la gravure en bois ; Iſraël de Malines fit cette découverte en 1450 à Bockholt, dans le pays de Munſter : la gravure à l'eau forte, attribuée à un orfevre de Florence, fut perfectionnée par Martin d'Anvers & Albert Durer. Depuis que l'art du burin s'eſt répandu, on a quitté le bois, & on a laiſſé cette maniere de graver, ou plutôt d'imprimer, aux ouvrages de peu de conſéquence, & aux manufactures de tapiſſeries. La gravure en maniere noire eſt la plus facile & la plus prompte ; il n'y a que la préparation de la planche de cuivre qui eſt longue : mais auſſi le plus groſſier ouvrier peut y être employé : on en attribue l'invention à M. de Siegen, Lieutenant Colonel Heſſois, qui la trouva en 1648, & ſelon d'autres à Vaillant, qui étoit pour lors à Londres. On dit auſſi que le prince Robert de la Maiſon Palatine, étoit l'inventeur de cette maniere de graver, & qu'il partagea avec ce dernier, l'honneur de l'invention. On n'emploie auſſi au lieu du noir, d'autres couleurs. L'art des eſtampes à différentes couleurs fut trouvé en 1626 par Loſtman, & perfectionné par Chriſtophe le Blond. La gravure en maniere de crayon, ou l'art d'imiter ſur le cuivre les deſſeins faits au crayon

nations. Si l'on en excepte une pe-

ſur le papier, eſt une nouvelle invention de M. François, dont M. Marteau a donné depuis des exemples très-eſtimés. L'utilité conſiſte à multiplier les exemples deſſinés. Combien d'éleves éloignés des grandes villes, qui ne pouvant ſe procurer des deſſins originaux des grands peintres deſſinent d'après des eſtampes gravées en taille douce, & acquierent par là une maniere de deſſiner ſeche, dure & arrangée. Parmi les graveurs en eſtampes les plus célèbres il faut placer Aldegraff, Corn. Bega, tous les deux Hollandois, Etienne de la Belle, Corn. Bloemart, Bolſwert, Theod. de Bry, Jacques Callot ſi célèbre dans le ſiecle paſſé, le Clerc, Drevet pere & fils, le Chevalier Edelinck, Claude Mellan, Rob. Nanteuil, Fr. Perrier, Etienne & Bernard Picard, Wirlembaur, Wiſcher, Roulet, Sadeler, Sarazin, Silveſtre, le célèbre Simmoneau, Smith qui excella dans la maniere noire, ainſi que Verkolie : le premier étoit Anglois, & le ſecond Hollandois, Voſterman, Van der Velde, Thomaſſin le fils, Tuby le Romain, & beaucoup d'autres.

(*o*) L'origine de la Sculpture ſe perd dans les ſiecles les plus reculés. Les ſculpteurs ont commencé à travailler ſur la terre & ſur la cire, enſuite on a employé le bois, enfin les métaux, les pierres, l'ivoire, &c. Ce fut ſous Léon X que ce bel art commença à reparoître, & Goujon, qu'on admira à Paris, eſt regardé comme un des premiers qui y ait excellé. Les curieux recherchent les antiques, c'eſt-à-dire les ſtatues, les buſtes, & les bas-reliefs des anciens, tant Grecs que Romains :

tite partie de l'Europe, le reste du

il arrive souvent qu'on fait passer pour antique ce qui est bien moderne, & quoiqu'en disent les connoisseurs, l'art de les connoître n'est fondé que sur des conjectures. L'Italie a eu de trop habiles sculpteurs, pour qu'il n'y en ait pas eu plusieurs, qui aient pu jouter avec ce que la Grece nous offre de plus célèbre. On met au nombre des grands artistes qui ont fleuri depuis le rétablissement des arts, Germain Pilon, qui tira son art de la Barbarie, Jean de Boulogne, Etienne le Hongre, Pisani, Fr. & Michel Anguier, Michel Ange Buonarotti, Phil. Buister, Donato, Pierre le Pautre, le Cavalier Bernin, Fr. Girardon, son disciple Robert Lorrin, Pierre Puget, Nic. Coustou, Ant. Coysevox, &c.

(*p*) L'architecture est l'art des bâtiments, & elle se divise en architecture civile, militaire & navale. Quant à la premiere les anciens l'ont emporté par rapport à la solidité & par rapport à la beauté. Hors de l'Europe il n'y a que la Chine où l'architecture civile merite quelque attention : en Europe c'est à l'Italie, & ensuite à la France, qu'on doit les grands Architectes. On met de ce nombre Androuet, du Cerceau, Palladio, le premier habile Architecte après le rétablissement des arts, Blondel, Bramante, Jacques de Brosse, Robert de Cotte, Jacques Gabriel, Oppenort, Bibiena, Vignole, Claude Perrault, Louis le Vau, Mansard, &c.

(*q*) Il ne faut pas avoir beaucoup vû ni beaucoup lu pour s'assurer que les sciences &

monde néglige les Beaux-Arts, ou les cultive mal. Les arts seroient heureux si les connoisseurs seuls en jugeoient.

§. LXVI.

LES ARTS LIBERAUX, ET LES ARTS MÉCANIQUES.

On distingue les arts mécaniques des beaux-arts, & des arts libéraux. On met

les arts n'ont pas été portés partout au même degré de perfection : mais cet avantage d'une nation sur l'autre n'est dû principalement qu'à des circonstances qui peuvent avoir lieu partout. Cette prétendue supériorité de génie & de talens due à la nature du climat & du sol est une brillante chimere. *Honos alit artes* : voilà le secret avec lequel on reprendra le goût des sciences & des arts, & on formera de grands hommes. Il est à souhaiter pour une nation qu'elle se persuade jouir de tout ce qui est propre à l'élever au-dessus de l'état où elle se trouve ; ce noble orgueil, ou plutôt cette noble assurance, fut le premier pas qui conduisit les Romains & les Grecs à ce degré de puissance & de gloire que nous admirons encore aujourd'hui. Une servile imitation & une sterile admiration laissent croupir un peu-

au nombre des arts libéraux, la pharmacie, ou l'art des Apoticaires, la chirurgie, l'art des oculiſtes, celui de jouer de quelques inſtruments, l'Imprimerie, l'art de la verrerie, la venerie, l'orfévrerie, l'horlogerie (*r*), l'art des bijoutiers ou des jouaillers. Les arts mécaniques font l'occupation des artiſans : les voici en ordre alphabetique : aiguilliers, armuriers, baigneurs, batteurs d'or & d'argent, boiſſeleurs, bonnetiers, bouchers, boulangêrs, bourreliers, boyaudiers ou faiſeurs de cordes à boyau, braſſeurs, brodeurs, broſſeurs, cardeurs, coupeurs de poil, cartiers, chaircuitiers, chandeliers, chapeliers, charpentiers, charboniers, charons, chaudronniers,

ple dans l'ignorance & dans l'abattement. S'il n'y avoit dans le ſein de l'Allemagne une quantité de perſonnes dont le genie, les talents & les ſuccès ſervent de leçon, que pourroit-on eſperer de cette troupe de prétendus gens de lettres qui paſſent leur vie à traduire ces inſipides romans, & ces futilités hiſtoriques dont la France eſt inondée ?

(*r*) Les premieres montres qu'on vit en Allemagne vinrent d'Angleterre : ce fut vers l'an 1577. Chriſtian Huyges inventa les pendules en 1657, & Barlow fit en Angleterre en 1676 les premieres pendules & les premieres montres à répétition.

cloûtiers, coffretiers, cordiers, cordonniers, courroyeurs, coûteliers, coûturieres, couvreurs, cuisiniers, doreurs, émailleurs, éperoniers, épingliers, étameurs, faiseurs d'instruments de musique, fondeurs, formiers, fourbisseurs gainiers ou faiseurs d'étuis & de gaines, gantiers, graveurs sur métal, lapidaires, lingeres, lunetiers, maçons, mégisiers, miroitiers, menuisiers, maréchaux-ferrants chevaux & carosse, nattiers, ouvriers en draps d'or & d'argent, ouvriers en bas, plumassiers, papetiers, parcheminiers, passementiers, peigneurs de laine, peruquiers, parfumeurs, pâtissiers, paveurs, paulmiers, peaussiers, plombiers, potiers d'étain, potiers de terre, quincailliers, relieurs, rubaniers, savetiers, selliers, serruriers, tablettiers, taillandiers, tailleurs, taneurs, tapissiers, teinturiers, tireurs d'or & d'argent, tisserans, tondeurs de drap, tonneliers, tourneurs, vaniers, vinaigriers, vitriers &c. Il est inutile de dire combien il importe à l'Etat d'avoir une grande quantité d'artisans, d'exciter entre eux l'émulation, & de renoncer à ce principe barbare de quelques financiers, que la crainte de la misere est le plus sûr moyen de faire travailler les artisans (*s*).

§. LXVII.

LES SPECTACLES.

Les Anciens n'avoient que deux ef-

(s) On devroit imiter les Anglois dans les encouragemens qu'ils prodiguent avec sagesse. En 1753 il se forma une petite société pour l'encouragement des arts, des metiers & du commerce : ces patriotes réunis formerent un fond de souscription, qui monta en 1764 à la somme de 33313 liv. ster. qui étoit destinée à donner des prix. Cette Société, dans la vue d'épargner à l'Angleterre une somme annuelle de 300 mille liv. ster. chercha à pousser la culture de la garence, & y employa au delà de 1100 liv. ster. Elle introduisit ensuite l'usage des moulins à scier les planches, proposa un prix considérable pour épargner annuellement 40 mille livres de laine, qui se gâtent par la maniere de marquer les brebis, récompensa les heureux essais qu'un nommé Godfrey fit à Londres avec la machine à poudre, si propre à éteindre les incendies dans certaines circonstances, machine inventée à Augsbourg par un Allemand nommé Greyl, &c. De semblables établissements sont d'une utilité réelle.

Il importe beaucoup que le Gouvernement fasse attention aux abus qui regnent dans les communautés ou Corps de métiers. Ces espèces d'associations s'introduisirent en Allemagne dans le onzieme siecle, & Rodolphe de Habs-

peces de spectacles, la Gimnastique & le théatre, c'est à dire ceux du

purg fut le premier qui se donna quelques peines pour les supprimer, vu les abus qui y régnoient. Ces abus regardent les éleves ou garçons, les apprentifs, les compagnons & les maîtres. Quant aux apprentifs, je remarque d'abord qu'il est fort injuste de rejeter tout enfant, qui a eu le malheur de naître hors d'un mariage légitime, quand même il auroit été légitimé ; qu'il est encore plus déraisonnable d'exclure les enfans de barbiers, de baigneurs, de tisserans, de bergers, de meuniers, de fifres, de trompettes, &c., comme cela se pratiquoit autrefois en Allemagne, qu'il conviendroit de ne pas tolerer les dépenses inutiles & les cérémonies ridicules qui s'observent encore lorsqu'un enfant entre en apprentissage. Je mets encore au nombre de ces abus la dureté des maîtres qui prolongent trop le temps de l'apprentissage, & qui font de leurs apprentifs autant de domestiques. Les abus, eu égard aux compagnons, ne sont pas moindres : je mets de ce nombre les cérémonies ridicules de leur installation, les dépenses qu'elle occasionne, ce qui se passe lorsqu'un compagnon veut quitter pour aller commencer ses voyages, les propos insipides des jours de cérémonie, l'usage de quelques communautés de faire un present aux compagnons qui arrivent, la conduite déplacée des anciens compagnons à l'égard des nouveaux, le *bon lundi* ou l'usage de ne travailler qu'une partie du lundi pour continuer les excès commencés le dimanche, l'ef

Cirque & ceux de la Scene. Nos mœurs répugnent aujourd'hui à ces combats d'Athletes, ou la barbare férocité des Anciens introduisit le combat inégal d'un homme avec des bêtes féroces. Les Tournois succéderent à ces excès de bravoure, & de nos jours il ne

pece de tyrannie que les compagnons exercent sur leurs maîtres soit à l'égard de la nourriture, soit à l'égard de certains usages introduits dans la communauté, & à ce dernier égard l'excès est poussé si loin qu'il y a quelques corps de métiers (comme par exemple les Papetiers) où il est permis aux compagnons de noter d'infamie le maître & ceux qui le servent; enfin l'indépendance où les compagnons croient être vis-à-vis de la police. Les abus qui regardent les maîtres & la maîtrise en particulier sont en assez grand nombre: tels sont l'injustice qu'on exerce dans le plus ou le moins de facilités accordées aux compagnons qui veulent devenir maîtres; les prétextes les plus frivoles servent à autoriser une différence qui ne devroit être qu'en proportion du plus ou du moins d'habileté, les dépenses, le refus d'admettre à la maîtrise les compagnons mariés, les avantages accordés à ceux qui épousent la veuve ou la fille d'un maître, &c. Il y a quelques autres abus intolérables, sur-tout en Allemagne, qu'il seroit bon de détruire entierement: comme par exemple la liaison entre les Communautés des différentes provinces de cet Empire, l'usage

reſte guere que le combat des taureaux, & celui des coqs, plus propres à amuſer le peuple que les gens ſenſés. Un ſpectacle plus utile & plus noble eſt celui du théâtre, conſervé depuis ſes premiers commencements. Quoi qu'en diſent un zele indiſcret, & une dévotion aveugle, la Comédie corrige les mœurs, & la Tragédie inſpire de grands ſentimens. La nobleſſe & la décence du théâtre François ont ôté à la Scene tout ce qu'elle pouvoit avoir de dangereux. Les ſpectacles en muſique, comme l'Opéra & les Concerts, ont leur utilité : ceux qui ne ſont qu'en machines, & où Servandoni a brillé de nos jours, quoique moins utiles, peuvent ſervir à donner du goût. C'eſt un objet important de la Police que le ſoin des amuſemens publics : il en faut, & une ſage politique

de tourmenter un maître, ou de lui faire payer une amende juſqu'à ce qu'il ait épouſé la veuve ou la fille d'un autre maître, les engagemens entre les maîtres de ne travailler qu'à un certain prix, &c. : ce ſont là des reſtes d'une police barbare & d'une légiſlation aveugle. L'émeute des compagnons menuiſiers à Hambourg vient de nous donner un nouvel exemple de la difficulté qu'il y a à remédier à ces abus.

cherche à les tourner au profit de l'Etat & des particuliers : le peuple eſt un enfant qu'il faut conduire & amuſer. Mais ſi ce qu'on appelle *Carnaval* eſt hors de toute cenſure, c'eſt ce que je craindrois d'aſſurer malgré les préjugés publics : un ſi long eſpace de temps entierement voué aux ſpectacles, à l'amuſement, & aux excès qui en ſont inſéparables, eſt plus qu'un temps perdu.

§. LXVIII.

De la différence des conditions.

Ce qui diſtingue réellement les hommes, ce ſont ſans doute les vertus & les talens. Il a fallu cependant, pour mettre de l'ordre dans la ſociété, que les citoyens fuſſent diviſés en certaines claſſes, que leur autorité, & leurs prérogatives fuſſent différentes comme leurs occupations.

Dans la ſociété quelques-uns ont été appelés à gouverner & à commander, d'autres à obéir : c'eſt-à-dire que la ſouveraine puiſſance de l'Etat a confié à quelques citoyens une portion de ſon autorité. Chaque état a ſes arrangemens particuliers.

Parmi les diſtinctions reçues le plus

communément en Europe, il faut compter celle qu'on met entre la noblesse (*t*),

(*t*) On distingue le gentilhomme du noble : le premier est un noble de naissance, le second l'est, ou par sa charge, ou par la grace du Prince. Les privilèges attachés à la noblesse ne sont pas par-tout les mêmes. Originairement c'étoit le service militaire qui ennoblissoit. Depuis, la vanité a su trouver moyen d'acquérir, par d'autres voies, un avantage qui cesse d'en être un, lorsqu'il n'est pas la récompense des vertus ou des talens. C'est aux Gots qu'on doit la noblesse de l'Europe : ayant envahi tant de provinces, ils récompenserent leurs capitaines en leur donnant des titres d'honneur & des terres : les enfans de ces capitaines étoient appelés *Andeligen* ou *Eadligen*, d'où les Allemands ont fait le mot *Adel*. A Basle, si un noble veut entrer dans les charges publiques, il est obligé de renoncer à sa noblesse. A Venise, les nobles ont porté les avantages de la noblesse aussi loin qu'il est possible : le corps de ces nobles est de 1500, dont le tiers entre au Senat : leurs noms sont écrits dans un livre, qu'on appelle le livre d'or. On en fait, de temps à autre, de nouveaux, parce que les anciennes familles venant à s'éteindre, l'Oligarchie s'introduiroit dans cette République. En Angleterre, il n'y a que les Ducs, les Comtes, les Vicomtes, & les Barons qui passent pour nobles : le reste de la noblesse, appelé Chevaliers ou Ecuyers, est compris sous le nom de *Gentry*. On ne reconnoît point de noblesse parmi les

les bourgeois, les artisans, & les cultivateurs, serfs dans quelques endroits, libres dans d'autres.

Les différentes occupations auxquelles les citoyens ont été appelés, ou auxquelles ils se sont voués, sont une autre source de distinction. L'état ayant besoin de défenseurs, il y a eu une classe d'hommes destinés à défendre la patrie. Autrefois on n'assembloit les troupes que lorsqu'il falloit repousser l'ennemi; mais depuis Louis XIV. on a commencé à entretenir, même en temps de paix, des corps de troupes réglées.

Il a fallu des magistrats pour administrer la justice entre des hommes, toujours portés à se la faire eux-mêmes. Le repos & la tranquillité publique ont demandé des tribunaux, pour décider des litiges, & punir les coupables.

Les dépenses publiques ont demandé des revenus, qu'il a fallu tirer ou des

Mahométans : on distingue seulement les familles descendues de Mahomet de toutes les autres. En Allemagne on distingue la noblesse immédiate, qui ne releve que de l'Empire, & non de l'Empereur, de la noblesse médiate, qui releve de l'Empereur ou des membres de l'Empire.

biens qui appartenoient aux citoyens ou des biens qui étoient à l'Etat. Il a donc été nécessaire de préposer à la levée des deniers publics, & à la régie des biens de l'Etat, des hommes capables d'un emploi, où il faut certainement plus que de la probité.

Les liaisons, qu'un Etat peut avoir avec ses voisins, les intérêts publics à ménager, les droits à faire valoir, sont des objets qui ont demandé des hommes qui se soient nourris de l'étude de l'histoire, des intérêts des Princes, de la connoissance de différents pays, avec lesquels l'Etat se trouve en liaison.

L'instruction des citoyens a demandé des hommes qui fussent propres à enseigner. De-là ces colleges établis pour les sciences & les belles-lettres; de-là ces hommes qui passent leur vie à éclairer les autres, sans espoir souvent de retirer quelque fruit de leurs peines.

Le culte divin a demandé des Ministres: la religion entre les mains des théologiens est devenue quelquefois une source de discordes & de factions, que les Consistoires chez les Protestans, & l'Officialité chez les Catholiques doivent contenir: ces tribunaux servent encore à entretenir la discipline ecclésiastique, & à conserver la pureté de la Doctrine.

La subsistance, & tous les besoins relatifs à la vie, à la sûreté, & à la commodité des citoyens sont l'objet de la Police (*u*).

Enfin il a fallu des gens oisifs, de ces fainéans ambulans, faits pour augmenter le nombre des gens qui obsédent les princes : sous cent sortes de titres différens ce ne sont que des courtisans. Quelques-uns d'entre eux, destinés à embellir la pompe des Souverains, ont été appelés Officiers de la Couronne (*v*).

(*u*) La police suppose beaucoup de connoissances. On l'a portée en France plus loin qu'en aucun pays du monde. Croira-t-on qu'en Angleterre, dans le courant de l'année 1764, il y avoit 40 mille personnes en prison pour cause de dettes ? On dira sans doute que les loix de l'Etat obligent la police à cette sévérité : mais ces mêmes loix ne sont-elles pas partie de la police générale, & ceux qui sont à la tête des affaires de police, ne sont-ils pas en état de prévenir qu'il n'y ait un si grand nombre de citoyens qui se rendent insolvables ? Si la paresse & le manque d'industrie sont les consequences de la pauvreté, la pauvreté est celle d'une mauvaise police. Du tems de Law on comptoit 200 mille pauvres en Ecosse.

On a donné aux citoyens qui devoient être distingués, des marques de distinction : il y a de ces marques affectées à la noblesse, comme par exemple les armoiries (*x*); il y en a

(*v*) Les grands officiers de la Couronne sont d'une ancienne institution : cela paroit, entre autres, par l'établissement du College des Electeurs, qui sont Grands-Officiers de l'Empire. Les trois Electeurs Ecclésiastiques sont Archi-Chanceliers; le Roi de Bohême, Grand-Echanson; l'Electeur de Baviere, Grand-Maître d'hôtel; l'Electeur de Saxe, Grand-Maréchal; l'Electeur de Brandebourg, Grand-Chambellan; les Electeurs de Hanovre & du Palatinat, Grands-Tresoriers Dans les Cours des princes il y a différens officiers de la Couronne; on peut mettre de ce nombre, le grand-Maître, le grand-Ecuyer, le grand Maître des Cérémonies, le grand-Maréchal, le grand-Chambellan, le grand Echanson, le grand-Maître de la Garderobe, le grand-Aumonier, le grand-Veneur, le grand-Fauconier, le grand-Louvetier, le grand-Maréchal des Logis, le grand-Prévôt, &c.

(*x*) Les armoiries, ou les armes, sont de différente espece : il y a 1°. celles des maisons ou des familles, 2°. celles de dignité, comme par exemple les Clefs & la Tiare pour le Pape, 3°. celles de concession, que les Souverains permettent à leurs sujets de porter. 4°. celles des fiefs & des domaines, dont se servent les Souverains, 5°. celles de substitution pour les terres qu'on a par héritage à

de particulieres au rang, comme par exemple les honneurs militaires, le tître d'Excellence, &c. Il y en a qui font comme des prérogatives attachées à la charge, c'est par exemple un usage en France, que le Chancellier ne rende la visite à personne, & ne porte jamais le deuil, &c.

§. LXIX.

Les Ordres de Chevalerie, les Ordres Religieux, & les Ordres Militaires.

La vanité & la dévotion ont eu cela de commun, qu'elles ont l'une & l'autre engagé quelques citoyens à se distinguer des autres. De-là sont nés les ordres de Chevalerie & les ordres religieux. On a distingué quatre sortes de Chevalerie; la militaire, qui est celle que les anciens Chevaliers acquéroient par leur valeur (*y*) : la Che-

condition d'en porter le nom & les armes, 6°. celles de prétention, pour marquer le droit qu'on a, ou qu'on croit avoir de succéder à certains fiefs, comme par exemple les armes de Saxe & de Westphalie, que portent les Ducs de Savoie; les armes de France que porte l'Angleterre, &c.

(*y*) Les princes mêmes furent autrefois ar-

valerie réguliere (z), qui eſt un ordre militaire & religieux, où l'on prend un certain habit, & où l'on promet de vivre ſuivant une certaine regle, de porter les armes contre les Infidèles, de favoriſer le pélérinage de ceux qui vont à la Terre-Sainte, & de ſervir dans les hôpitaux; la Chevalerie d'honneur, ou celle que les princes conferent à d'autres princes, & aux perſonnes les plus diſtinguées de leur

més Chevaliers : d'où eſt venu le mot : *Nul ne naît Chevalier.* François I. reçut l'accolade du Chevalier Bayard, ſurnommé le Chevalier ſans peur : Edouard IV. la reçut du Comte de Devonshire. Il reſte en France une imitation de l'ancienne maniere de créer les Chevaliers : lorſque l'Ambaſſadeur de Veniſe prend ſon audience de congé, le Roi lui donne l'accolade, & le fait Chevalier. A l'élection d'un Roi des Romains il ſe fait ordinairement une création de Chevaliers.

(z) L'origine de la Chevalerie réguliere eſt inconnue : les uns veulent la faire remonter juſqu'au premier ſiecle de l'Egliſe ; les autres ne la veulent trouver que dans le XIIème. ſiecle. Ceux qui cherchent cette origine dans l'établiſſement des cinquante braves ſoldats, deſtinés à garder l'étendart, que Conſtantin le Grand fit faire, lorſqu'il marcha contre Maxence, ſemblent être trop faciles à ſe contenter de plus légeres reſſemblances.

cour; enfin la Chevalerie ſociale, eſpece de confrairie qui avoit autrefois lieu dans les tournois, dans les factions, &c. Les trois premieres eſpeces de Chevalerie ſubſiſtent encore aujour d'hui : on a par exemple les Chevaliers de Saint-Louis, ordre purement militaire, les chevaliers de Malthe, ordre militaire, & religieux, & les chevaliers (*a*)

(*a*) J'ai cru qu'une liſte des différens Ordres de Chevalerie pouvoit mériter une place dans cet ouvrage.

I. Ordres Militaires & Religieux.

1. L'ordre d'Alcantara, en Eſpagne, fut établi en 1176 : les Chevaliers peuvent ſe marier; le Roi eſt Adminiſtrateur de l'Ordre.
2. D'Avis, en Portugal, fondé en 1146, ſuit la règle de ſaint Bénoît : le Roi en eſt Grand-Maître.
3. De Calatrava, en Eſpagne, fondé en 1158, laiſſe aux Chevaliers la liberté de ſe marier; le Roi eſt Grand-Maître de l'Ordre. Ces trois Ordres ont été établis pour faire la guerre aux Maures.
4. De Chriſt, en Portugal, fut fondé en 1319 à la place des Templiers, dont l'Ordre venoit d'être détruit. Il eſt fort riche : il poſſede 454 Commanderies : le Roi en eſt Grand-Maître.
5. Les Chevaliers de l'Ordre Teutonique, ou les Freres Allemands de Notre-Dame de

d'honneur, tels sont par exemple les

Jérusalem, ont une même origine avec les Chevaliers de St. Jean de Jérusalem. Le Pape Célestin III. en fut le fondateur; & Henri Walpot, le premier grand-Maître. Cet Ordre embrassa en 1191 la regle de St. Augustin : en 1229 Conrad de Massovie l'appela en Prusse pour convertir les Prussiens, il s'y établit & s'unit à l'Ordre des Porte-Glaives de Livonie. Dans le courant du XVI Siècle, Albert de Brandebourg, pour lors Grand-Maître, se fit Luthérien, se maria, & reçut du Roi de Pologne l'investiture du Duché de Prusse. L'Ordre élut alors un autre grand-Maître, sous le titre d'Administrateur; celui-ci alla s'établir à Mergentheim en 1527, ce fut Walther de Cronberg : en 1538 il fut reçu Membre du Cercle de Franconie. L'Ordre a six bailliages Catholiques; & trois presqu'entierement Luthériens; la France lui en a enlevé deux pour les donner à l'ordre de St. Lazare.

6. Les Chevaliers dits Porte-Croix ont une origine fort incertaine : ils se répandirent en Bohême, en Moravie, en Silesie & en Pologne : en 1217 ils prirent la règle de St. Augustin. Le grand-Maître, premier prélat de Bohême, reside à Prague.

7. Les Chevaliers du St. Esprit à Rome sont de la création d'Innocent III, & de l'année 1198 : outre les trois vœux, ils font encore celui de servir les pauvres : & l'hôpital du Saint-Esprit leur est affecté.

8. Les Chevaliers de St. George à Rome ont leur siege à Ravenne.

chevaliers de l'ordre de l'aigle noir.

9. Les Chevaliers du St. Sépulcre, fondés en 1110, sont établis pour quêter en faveur des esclaves Chrétiens, qu'on va racheter : le Pape est Grand-Maître de cet Ordre.

10. Les Chevaliers de St. Jacques, en Espagne, passent pour être l'Ordre le plus ancien: ils prétendent faire remonter leur création à l'an 844, mais d'autres la fixent à l'an 1175. Cet Ordre fut fondé pour faire la guerre aux Maures; il a 87 Commanderies qui rapportent au-delà de 270 mille ducats. La grande Maîtrise est attachée à la Couronne. Il y a aussi en Portugal des Chevaliers de St. Jacques.

11. Les Chevaliers de St. Janvier sont de la fondation de Dom Carlos, Roi des deux Siciles, & de l'année 1738.

12. Les Chevaliers de Jesus & Marie, sont a Rome. Cet Ordre fut fondé en 1675.

13. Les Chevaliers de Malthe, autrement de St. Jean de Jérusalem, ou de Rhodes, sont, comme les Templiers, du XII Siecle, & furent comme eux destinés à la défense de la Terre-Sainte. Chassés de là, ils se retirerent à Rhodes en 1380. Charles Quint leur donna, en 1530, l'île de Malthe: ils s'engagerent à ne jamais faire de paix avec les Infidèles, à regarder le Roi d'Espagne, en tant que Roi des deux Siciles, comme Seigneur Suzerain, & à lui envoyer tous les ans un faucon. Cet Ordre est composé de Chevaliers, de Cappellans, & de Freres servans : il étoit autrefois divisé en huit langues, savoir en celles de

Les ordres purement religieux (*b*) ne

Provence, d'Auvergne, de France, d'Italie, d'Arragon, d'Angleterre, d'Allemagne, & de Castille. Celle d'Angleterre est supprimée depuis 1537 : celle d'Allemagne est divisée en plusieurs branches, il y a celles de Bohême, de Hongrie, de Pologne, de Dannemarc, de Suede, de Croatie, & de Dalmatie : celle de Castille est aussi divisée en plusieurs branches, savoir : en celles de Portugal, d'Algarbe, de Grenade, de Tolede, de Galice, & d'Andalousie. Le grand-Maître réside à Malthe, & on lui donne le titre d'Eminence. Les Chevaliers de St. Jean dans le Brandebourg sont des Chevaliers de Malthe, qui ayant changé de religion se sont, en quelque façon, séparés des autres.

14. Les Chevaliers de St. Lazare de Jérusalem réunis aux Chevaliers de Malthe en 1490, en furent séparés dans la suite. On réunit en 1572 à ceux de St. Lazare les Chevaliers de St. Maurice de Savoie : le Pape nomma pour Grand-Maître le Duc Emanuel Philibert de Savoie, & accorda à ses descendans le droit de lui succéder dans la Grande Maîtrise de cet Ordre. En France on ne consentit point à cette réunion, & le Pape Paul V. fut obligé en 1685 de consentir, que les Chevaliers de la Vierge du Mont Carmel fussent réunis aux Chevaliers de St. Lazare : ils ont aujourd'hui à Paris l'hôpital de St. Lazare à desservir.

15. Les Chevaliers de Notre Dame de Monteze furent substitués aux Templiers dans le

sont

dans le royaume de Valence : ils dependent de l'Ordre de Calatrava.

16. Les Chevaliers de Notre-Dame de la Gloire appelés *Cavalieri di Madonna*, doivent leur établiſſement à un Dominicain. Il y en a pluſieurs en Italie.

II. Les Chevaliers Militaires, & les Chevaliers d'honneur.

Les Chevaliers purement militaires, & les Chevaliers d'honneur, ſont des perſonnes que l'Etat a diſtinguées ou recompenſées par quelque marque extérieure de diſtinction, & par quelques revenus ou droits affectés à cette diſtinction. Ces ordres honorifiques ſont plus ou moins eſtimés, ſuivant le plus ou le moins de puiſſance de ceux qui peuvent en diſpoſer, ſuivant le nombre de ceux qui peuvent y aſpirer, & ſuivant le rang ou les avantages qui y ſont attachés.

1. L'Ordre de St. André, ou de l'Epine; paſſe pour un des plus anciens : Jacques V. Roi d'Ecoſſe le rendit conſidérable; la Reine Anne le renouvela en 1703, & Georges I. en changea les ſtatuts en 1725. Les Chevaliers portent l'image de St. André à un ruban verd.
2. L'ordre de St. André, en Ruſſie, fut fondé par le Czar Pierre le Grand, en 1689 : c'eſt le premier ordre de Ruſſie; le cordon eſt bleu céleſte.
3. L'ordre de St. Alexandre Newski eſt de la fondation de l'Impératrice Catherine, & de l'année 1725 : le cordon eſt ponceau.

4. L'ordre de Ste. Catherine est un ordre de Dames, fondé par la même Impératrice en 1714.

5. L'ordre des Porte-Croix est aussi un ordre de Dames, fondé en 1668 par l'Impératrice Epouse de l'Empereur Léopold.

6. L'ordre de l'Aigle noir, fut fondé en 1701 par Frédéric I, Roi de Prusse; le cordon est orange.

7. L'ordre de l'Aigle blanc fut renouvelé en 1705 par Auguste, Roi de Pologne; le cordon est bleu.

8. L'ordre du bain fut fondé en 1399, par Henri IV, Roi d'Angleterre, & renouvelé en 1725 par George I : le cordon est un ruban rouge moiré.

9. L'ordre de Dannebrog fut renouvelé en 1671 par Chrétien V, Roi de Dannemarc; le cordon est un ruban blanc moiré.

10. L'ordre de l'Eléphant, fondé en 1190 par Canut IV, fut rétabli en 1458 par Chrétien I; le cordon est un ruban bleu moiré.

11. L'ordre de la Fidélité fut fondé par la Reine de Pologne, épouse du Roi Auguste II : cet ordre se donne aussi aux Dames.

12. L'ordre du Saint-Esprit fut fondé en 1579 par Henri III, Roi de France : le cordon est un ruban bleu moiré.

13. L'ordre de la Toison d'or fut fondé en 1429, par Philippe le Bon, Duc de Bourgogne. L'Espagne & la Maison d'Autriche se l'approprient également : le ruban est ponceau & moiré : on le porte autour du col.

14. L'ordre de St. Henri fut fondé en 1736 par Auguste III, Roi de Pologne : c'est une croix

attachée à un ruban cramoisi, qu'on porte sur la poitrine.

15. L'ordre de la Jarretiere fut fondé par Edouard III, en 1350. Le cordon est un ruban bleu moiré.

16. L'ordre de St. Louis fut fondé en 1693, par Louis XIV. C'est un ordre purement militaire. Le Roi en est Grand Maître : les huit Grand-Croix, qui ont 6000 livres de pension, portent avec l'étoile, le cordon rouge : les 24 Commandeurs, dont quelques-uns ont quatre mille & d'autres trois mille livres de pension, portent le cordon rouge sans étoile : les Chevaliers portent à la boutonniere, une croix attachée à un ruban rouge.

17. L'ordre de St. Michel fut fondé par Louis XI, en 1496. Les étrangers, & même les protestans peuvent y être reçus Chevaliers : le Cordon est un ruban noir.

18. L'ordre du Mérite fut fondé en 1740 par Frédéric II, Roi de Prusse. C'est une croix portée sur la poitrine, & attachée à un ruban noir.

19. L'ordre des Séraphins fut renouvelé en 1748 par Frédéric, Roi de Suede; le cordon est un ruban bleu.

20. L'ordre des Porte-Glaives fut également renouvelé en 1748 : le cordon est un ruban jaune.

21. L'ordre de l'Etoile polaire fut fondé en 1748 par le Roi de Suede : le cordon est un ruban noir.

22. L'ordre de Ste. Anne fut fondé en 1736 par Charles Frédéric, Duc de Holstein-Gottorp. Le cordon est un ruban ponceau.

23. L'ordre de la Concorde fut fondé à Bordeaux en 1660 par Ernest Marggrave de Brandebourg - Bareuth : c'est une croix attachée à un ruban rouge, elle se porte sur la poitrine, & les Chevaliers ont encore une étoile sur le côté gauche.

24. L'ordre de la Bonne-Foi Germanique, fut fondé en 1690, par Frédéric Duc de Gotha.

25 L'ordre de St. George fut rétabli en Baviere en 1729 : le Prince Electoral en est Grand-Maître : le Grand-Maître, les grands-Prieurs, & les grands-Commandeurs portent, avec une étoile sur le côté gauche, un grand cordon qui est un ruban bleu céleste : les autres Commandeurs portent, avec l'étoile une croix attachée à un ruban bleu : les Chevaliers ne portent que la croix.

26. L'ordre de St. Hubert fut fondé en 1444 par Gerhard, Duc de Juliers, & renouvelé en 1709 par l'Electeur Palatin.

27. L'ordre de St. Hubert de Wurtemberg fut fondé en 1702 par le Duc Charles Frédéric : le cordon est un ruban ponceau.

28. L'ordre de la Sincérité fut fondé en 1705 par le Marggrave Ernest de Bareuth : avec l'étoile, les chevaliers portent, sur la poitrine une croix attachée à un ruban ponceau.

(*b*) Dans l'Eglise Romaine on entend d'abord par ordre le sixieme sacrement, qui est supposé donner à ceux qui le recoivent un caractere indélébile. On entend ensuite par là les différens degrés établis entre les personnes destinées à desservir l'Eglise : les quatre ordres mineurs sont ceux de Portier, d'Exorciste, de

ſont connus que dans la religion catholique & dans la religion Greque.

§. LXX.

Les revenus de l'Etat.

Un Etat a des beſoins; & pour les

Lecteur, & d'Acolythe; les trois ordres majeurs, ou ſacrés, ſont ceux de Sous-Diacre de Diacre, & de Prêtre. C'eſt une loi de l'Egliſe, que le Prêtre doit avoir 24 ans accomplis, le Diacre 23, & le Sous-Diacre 22. On comprend encore ſous le nom général d'ordre cinq claſſes de perſonnes vouées particulierement à une vie religieuſe : ces cinq claſſes ſont celles des Moines, des Chanoines, des Chevaliers religieux, des Ordres mendians & des Clercs réguliers. Nous avons vu ce qui regarde les Chevaliers religieux, il nous reſte à voir ce qui concerne les quatre autres claſſes dont il eſt ici queſtion.

Les Moines, autrement appelés Religieux, ſont des gens qui vivent dans un cloître, ſous une certaine regle, & habillés d'une certaine maniere : les filles qui vivent auſſi en clôture, ſont appelées Religieuſes. Autrefois on n'appeloit Moines que ceux qui retirés du monde vivoient dans des ſolitudes, uniquement occupés à méditer ſur la religion, & à faire des actes de piété : il étoit défendu aux Prêtres de ſe faire moines. Ce fut le Pape Syrice qui appela les moines à la Cléricature, dans la diſette où on étoit alors des Prêtres. On diſtingue les Moines de chœur, ou les Moines profets des Moines lais ou Freres ſervans, qui ne ſont deſtinés qu'au ſervice du Couvent; & qui n'ont ni cléricature ni étude.

Les Moines-mendians ſont des religieux qui vivent de quête, & qui aux vœux, que les autres moines font, ajoutent ceux de mendicité & de nudité des pieds; il y a quatre de ces ordres, qui ſont anciens, les Carmes, les Jacobins ou Dominicains, les Cordeliers, & les Auguſtins déchauſſés : on y a ajouté depuis les Capucins, les Récollets, & les Minimes.

Les religieux vivent en communauté dans des monaſteres : quelques-uns de ces monaſteres ont été érigés en prélatures, de-là les Abbayes & les Prieurés. Les Abbayes régulieres, ou en regle, ſont celles où l'Abbé eſt un religieux du même ordre que les Moines, & porte l'habit monaſtique, il en eſt de même des Abbayes de filles. Les abbayes en commende ſont celles dont l'Abbé eſt un Eccleſiaſtique ſéculier : c'eſt alors un bénéfice que donne le Pape à la nomination du Souverain, & dont le revenu eſt appelé Menſe abbatiale, comme le revenu du monaſtere eſt appelé Menſe conventuelle : dans ces Abbayes en commende il y a toujours un Moine qui fait les fonctions abbatiales. Les Prieurés ſont également ou en regle ou en commande. Il n'y a que les bénéfices à charge d'ames qui ne ſauroient être en commende : ces bénéfices ſont les Archevéchés, les Evêchés, les Cures, &c.

Les Chanoines ſont ou des Clercs ſéculiers, ou des Chanoines réguliers. Les Chanoines ſéculiers ſont ceux qui poſſedent une prébende dans une Eglise cathédrale (c'est - à - dire dans une Eglise où il y a un Siege Episcopal), ou dans une Eglise collégiale, (c'est-à-dire qui est desservie par des Chanoines ayant pour chef un Doyen ou un Prévot), & qui font corps, quoiqu'ils ne vivent pas en communauté. Les Chanoines réguliers vivent en communauté, & font des vœux : ordinairement ils suivent la règle de St. Augustin. Les premiers, en convertissant leur ordre en bénéfices, se sont relâchés de la regle primitive.

Il y a encore des Chanoines laïcs, reçus par honneur : c'est ainsi que l'Empereur est Chanoine de St. Pierre à Rome, le Roi de France, Chanoine de l'Eglise de St. Hilaire de Poitiers. A quelque chose près, les Chanoines protestans sont des Clercs séculiers.

Les Chanoinesses, à l'exception de celles qui suivent la règle de St. Augustin, possedent des prébendes, sans qu'elles soient obligées de renoncer au monde, ou au mariage. Ces établissemens sont des retraites honorables pour la noblesse qui n'est pas riche.

Les Clercs réguliers sont des prêtres en communauté, ou qui vivent en congrégation. Il y en a qui font des vœux, & d'autres qui n'en font pas.

Je remarque ici, en passant, qu'il n'y a que quatre règles principales, celle de St. Basile, celle de St. Augustin, celle de St. Bénoit & celle de St. François : les réformes & les changemens ont donné lieu à différentes autres regles, qui sont comme les filles des quatre premieres. La règle de St. Basile est la plus commune en Orient, celle de St. Bénoit en Occident.

ſatisfaire il faut des revenus (*c*). Il y a des revenus qui ſe tirent de fonds appartenants à l'Etat, ou au Souverain : c'eſt ce qu'on appelle biens de la couronne, domaines du Prince, &c. (*d*);

(*c*) Les Revenus de l'Etat ne ſont jamais connus fort exactement, & dans quelques pays on en fait avec raiſon un myſtere de politique. Sous Henri IV, les revenus du royaume de France montoient de 27 à 30 millions de livres; ſous Louis XIII, à 50 millions : deux ans après la mort de Colbert à 140 millions : en 1715 à 160, & en 1753 ils paſſoient 250. Cependant ces revenus ſe diſſipent d'avance : & dans les années où la guerre emporte beaucoup, on a recours à des expédiens de toute eſpece. En 1746 le revenu ordinaire étoit de 232 millions, l'extraordinaire de 50, & les affaires extraordinaires de 53.

Qu'eut penſé Henri le Grand à la vue de ce maniement des deniers publics, lui qui une année avant ſa mort ſe trouvoit avoir acquitté 87 millions des dettes, & en avoit 23 dans ſon tréſor. Il faut cependant obſerver que les monnoies n'étant plus aujourd'hui ni au même titre ni au même poids, la différence réelle des revenus eſt moins conſidérable qu'on ne pourroit le penſer.

(*d*) Les domaines ſont ordinairement des bailliages, mis à ferme ou en régie. Pluſieurs politiques ont ſoutenu, qu'il vaudroit mieux que l'Etat n'eût point de domaines : les raiſons qu'ils alleguent paroiſſent bien ſages; en effet la population y gagneroit, les terres ſe-

il ne faut pas les confondre avec les biens patrimoniaux (*e*). Une ſeconde claſſe de revenus ſont les droits régaliens, par où l'on entend un revenu tiré des fonds qui appartiennent privativement au Souverain en tant que Souverain, ou en général à l'Etat : de ce nombre ſont les péages de toute eſpece (*f*), la poſte (*g*), les eaux & forêts (*h*), la chaſſe (*i*), les mines

roient miſes en plus grande valeur, & les revenus du ſouverain ſeroient plus ſurs n'étant pas ſoumis aux pertes des mauvaiſes années & aux dépenſes des réparations.

(*e*) Les revenus des biens patrimoniaux des Princes ſont ce qu'on appelle chatouille.

(*f*) Le droit de péage ne fut dans ſon origine qu'une indemniſation des dépenſes, que coûtent l'entretien & la réparation des chemins, des chauſſées, des ponts, &c. On leve cet impôt ſur les voitures ou ſur les marchandiſes ; & on choiſit, pour le recevoir, un lieu qui ſoit un paſſage commun. Dans quelques endroits on afferme le péage, ce qui eſt ſujet à bien des abus.

(*g*) Le droit des poſtes eſt fondé ſur le droit territorial. Ce revenu eſt d'autant plus conſidérable que le commerce eſt plus étendu.

(*h*) Le droit des eaux & forêts eſt d'un très-grand rapport : quant aux eaux il conſiſte dans un droit de paſſage, comme par exemple au Sund, dans une impoſition ſur l'entrée & la ſortie des ports, ſur la permiſſion de jeter

& le sel (*k*), les monnoies, &c. Une

l'ancre, sur la levée des écluses & des ponts, sur les moulins, sur la pêche de riviere & de mer, &c. Le droit des forêts consiste dans la vente du bois, tant du bois de chauffage que du bois de construction, & dans le revenu qu'on tire des chênes pour le gland. Ces revenus ne sont à l'Etat qu'autant qu'ils se tirent des forêts qui lui appartiennent : les possesseurs de fond de terre ont les mêmes droits dans les forêts qui leur appartiennent, comme ils ont une partie du droit des eaux par rapport aux lacs ou aux rivieres qui sont sur leur territoire.

(*i*) La petite chasse appartient de droit au possesseur du territoire ; la garde à ceux à qui le Souverain ou l'Etat l'accorde : partout où elle n'a point été donnée le Prince la fait faire à son profit.

(*k*) L'exploitation des mines est un droit réservé au Souverain : ordinairement il entre en marché avec des particuliers, à qui il est plus aisé de les faire valoir, & il tire le dixieme du produit. Les mines sont un profit réel pour l'Etat, qui gagne même lorsqu'on les exploite à perte, parce que cette perte n'en est une que pour l'Entrepreneur, & n'en est point pour l'Etat, & que ce qui se gagne est un gain réel. Les Salines sont d'un produit très-considérable, vu la grande consommation du sel : elles rapportent en Autriche neuf millions de florins. La gabelle est en France un impôt bien onéreux, le minot pesant 104 livres coute 59 livres.

troisieme classe de revenus sont les contributions, que les citoyens paient à l'Etat (*l*) : quelquefois c'est le fond qui paie (*m*), quelquefois c'est le posses-

(*l*) La contribution, tirée sur les biens des sujets, est devenue nécessaire par le luxe énorme des Cours, par les guerres dont l'Europe a été affligée, par la nécessité d'entretenir des troupes réglées, &c. La contribution en nature ou la livraison des denrées demande à être répartie de façon, que celui qui livre trouve chez lui ce qu'il doit donner, & puisse le donner sans souffrir de privation.

(*m*) Lorsque le fond paie, c'est ou à raison de sa valeur, ou à raison de ses produits qu'est réglée la contribution. En Dannemarc le cultivateur paie à raison de la fertilité du sol qu'il possede, & cela est réglé sur le produit de l'année commune. L'impôt est proportionné au nombre de tonneaux de bled, que le cultivateur recueille ; dans les terres fertiles un tonneau de froment ou de segle est recueilli d'un champ de 12000 pieds quarrés, & dans les terres ingrates d'un champ de 6 à 700 mille. D'où il résulte que les degrés extrêmes de la fertilité sont entre un & sept. Si le cadastre avoit fixé avec exactitude le rapport réel des terres, cette maniere de répartir l'imposition eût été la plus juste. Il faut convenir cependant que la contribution est trop forte, le paysan paie 16 marcs par tonneau, & comme il en recueille communément six à sept il paie pour la plupart 112 marcs, & au moins

ſeur, ce qu'on appelle capitation (*n*), le monſtre de la politique, quelquefois c'eſt le conſommateur (*o*). Enfin l'E-

96, ce qui eſt beaucoup trop. En Autriche les terres ſont diviſées en huit claſſes, les deux extrêmes ſont dònc entre un & huit : la contribution ſe leve à raiſon de 25 pour cent : il y a des commiſſaires qui courent le pays, accompagnés d'économes ; & leurs déciſions ſont renvoyées, en cas de beſoin, au Conſeil de rectification établi à Vienne : malgré ces précautions il y a beaucoup de ſujets léſés dans cette répartition.

(*n*) L'injuſtice de la répartition ſaute aux yeux : non ſeulement il eſt impoſſible de faire payer le double à celui qui a le double de revenus, mais c'eſt qu'en y parvenant on feroit un grand mal. Il faut une autre proportion, que je ne crois pas qu'on puiſſe déterminer ſi aiſément. A Athenes celui qui jouiſſoit de 500 dragmes de revenus payoit dix fois plus que celui qui n'en avoit que cent. Ce n'eſt là qu'une difficulté contre la capitation : celle qui taxe tous les ſujets depuis un certain âge à la même ſomme eſt la plus mauvaiſe de toutes.

(*o*) Les beſoins de l'Etat ont fait naître des impoſitions de toute eſpece : les financiers n'ont été occupés que du ſoin d'en inventer de nouvelles : celles que paie le conſommateur ont été les plus aiſées à imaginer, & les plus faciles à lever. Lorſque ce ſont les matieres & les denrées ſur leſquelles l'impoſition eſt fixée, on appelle ce genre de con-

tat a des revenus, qui ſe tirent en vertu de l'autorité que les Souverains exercent, ou comme Seigneurs Suze-

tribution *Acciſe*, ou *Exciſe*, droit de douane, droits d'entrée & de ſortie, aides, droits de marque, &c., eſpece de contribution que le Brandebourg a le premier introduit en Allemagne, & que les Hollandois ont porté le plus loin. Lorſque c'eſt le bourgeois qui paie, on appelle cette impoſition taille; lorſque c'eſt le marchand ou le détailleur, on l'appelle droit de vente. Une impoſition ſur les marchandiſes travaillées dans le pays ruine le commerce; c'eſt ainſi que le commerce des chapeaux & des cartes a preſque été perdu pour la France. Là où il circule beaucoup d'eſpeces l'impôt ſur les conſommations eſt le plus ſage; ſi les fonds payoient, les riches ſeroient trop avantagés, auſſi regne-t-il une grande jalouſie entre les poſſeſſeurs de terres & les actionnaires, ceux-ci voudroient tout rejeter ſur les fonds. La théorie de l'impôt a ſes difficultés, j'en conviens : mais il y a des principes ſûrs & faciles à ſaiſir. Ce que le ſujet paie à l'Etat ne doit être qu'une partie légitime de ce qu'il gagne, il doit pouvoir prélever ce qu'il faut à ſa ſubſiſtance, & à une ſubſiſtance qui ne lui faſſe jamais naître le déſir du célibat ou celui de s'expatrier. Le véritable art du financier eſt de mettre le peuple en état de payer les impoſitions; mais ce n'eſt pas de cela que les financiers s'occupent beaucoup. Ils ne s'inquietent guere des ſources, qui tariſſent pourtant. Comment eſt-il poſſible qu'une province, qui paie annuellement de fortes impositions, sans que rien de ce qui en sort y rentre, ne dépérisse entierement, c'est-à-dire ne se dépeuple? Ce qu'il y a de plus fâcheux, c'est qu'il n'en est pas de l'art du financier comme des autres arts : le temps a perfectionné l'art sans perfectionner celui qui l'exerce : les fautes commises ailleurs, ou commises il y a longtemps, se commettent de nouveau : il semble que le financier, que l'exemple pourroit instruire, se flatte toujours que les mêmes causes ne produiront pas les mêmes maux, si tant est qu'il sache que ces maux aient existé quelque part, & puissent encore exister là où il travaille à en développer le germe. Il en est du financier ordinaire comme de la jeunesse : mais le jeune homme n'a qu'un individu à perdre. Les financiers ont une maxime très-propre à endurcir le cœur des Souverains & des Ministres ; ils disent que tout nouvel impôt produit dans les sujets une nouvelle habileté à le supporter, une nouvelle industrie : à la faveur de ce principe on *écorche une brebis qu'il falloit tondre*. Le financier François répond au cultivateur qui gémit, qu'en Angleterre les impôts sont plus forts, qu'en Hollande ils le sont plus que partout ailleurs : mais il ne songe pas que ce n'est pas le cultivateur qui est surchargé en Hollande & en Angleterre, mais le consommateur qu'on met en état de gagner tout ce qu'il faut pour payer l'impôt. Si la douane en Angleterre a rendu pendant la derniere guerre un excédent annuel d'un million de livres st. cet excédent a été pris sur des consommateurs enrichis par le commerce que la guerre favorisoit, au lieu de détruire. Sans compter un

rains, de là le droit de vaſſelage (*p*), ou comme juges Souverains, de là ce qui ſe tire de l'adminiſtration de la juſtice & de la police (*q*). Lorſque

grand nombre de vices qui ſe trouvent dans la finance françoiſe, il y a dans ſa nature même des défauts dangereux. Premierement elle met des entraves au commerce, aux arts, à l'agriculture; & ce ſont là pourtant les véritables ſources des richeſſes de l'Etat. En ſecond lieu elle oblige le financier à faire une étude particuliere de tous les arts & de toutes les profeſſions, ſans quoi on ne ſauroit obvier aux fraudes. J'ai vu des financiers faire de lourdes fautes en voulant aſſeoir un impôt ſur un genre de conſommation, où la fabrication de ce qui ſe conſomme ne leur étoit pas bien connue. Enfin elle accumule édits ſur édits, déclarations ſur déclarations, interprétations ſur interprétations, ce qui rend l'exercice de la juſtice arbitraire, & l'étude des loix preſque impoſſible.

(*p*) Les vaſſeaux poſſeſſeurs de fiefs paient à l'Etat des redevances. Les vaſſeaux qui meurent ſans héritiers mâles laiſſent leur fief au Souverain, &c. Je ne ſais à quelle claſſe rapporter l'impôt qu'en Eſpagne & en Portugal on perçoit ſur ceux qui communient : cet impôt conſiſte à obliger tous ceux qui peuvent faire leur dévotion d'acheter un exemplaire de la bulle pour la croiſade, & cette bulle ſe vend au profit du Roi.

(*q*) La police donne des revenus par les confiſcations, les priviléges, le papier timbré

les revenus ordinaires ne suffisent pas, on a recours à des subventions extraordinaires (*r*), ou à l'augmentation des impositions ordinaires, ou aux dons gratuits; quelquefois on emprunte (*s*),

les extraits baptistaires & mortuaires, les passe-ports, les lettres d'apprentissage & de maîtrise, &c.

(*r*) On peut placer aussi au nombre de ces subventions extraordinaires ce que l'on fait payer quelquefois aux Communautés ou Compagnies, en leur accordant quelque privilege ou exemption. Ces Communautés empruntent, pour payer leur privilége, & personne n'étant engagé en particulier, elles ne cherchent qu'à répartir la somme qu'il faut pour les intérêts, & ce petit impôt est payé par le peuple à qui l'on vend plus cher. On connoît en France cette espece d'impôt, qui a de très-grands inconvenients.

(*s*) Les emprunts sont de différente nature: de ce nombre il faut mettre les Tontines & les Rentes viageres. Une tontine est une espece de societé, composée de plusieurs personnes, qui ont placé à fond perdu, sur leur tête, ou sur celle d'un autre, une certaine somme, à condition que l'intérêt augmente proportionnellement à la mise, à mesure que le nombre des interessés diminue, jusqu'à ce que par la mort du dernier les rentes retournent au profit de celui qui a fondé la tontine. Laurent Tonti, Napolitain qui donna son nom à cet établissement, la proposa en France en 1653. La Cour agréa son projet: mais il fut

& de-là ſont nées les dettes nationales (*t*). Ce qu'on appelle épargne politique eſt une matiere qui mérite un

rejeté par le Parlement, le châtelet, le corps de ville & le corps des Marchands. Tonti réforma ſon premier plan, & préſenta un ſecond projet, qui fut goûté, & il fut réſolu que la tontine ſeroit établie en 1656, mais le public n'y ayant aucune confiance, elle n'eut pas lieu. Louis XIV ayant eu beſoin d'argent en établit une en 1689; elle conſiſta en 1400 mille livres de rentes viageres conſtituées au denier onze pour former un fond de 14 millions : on fit quatorze claſſes & les actions furent fixées à 300 livres. Quelques années après on établit une ſeconde tontine. Une veuve de chirurgien, morte en 1726 âgée de 96 ans, n'ayant mis dans chacune de ces deux tontines que 300 livres, ſurvecut à tous les actionnaires, & jouiſſoit à ſa mort de 73500 livres de rente. On forma une troiſieme tontine en 1730; elle ſubſiſte encore. La tontine a de commun avec les rentes viageres, que le capital eſt perdu à la mort de l'intéreſſé : mais elle a l'avantage de donner un accroiſſement annuel d'intérêts, qui peut aller fort loin ſi les actionnaires vivent long-tems.

(*t*) Les dettes de l'Etat ont donné lieu à plus d'impôts, que les beſoins les plus preſſans. Louis XIV dépenſa pendant ſon regne, dix huit milliards; ce qui revient année commune à 330 millions de livres, monnoie de France d'aujourd'hui : auſſi ce Prince laiſſa-t-il en mourant 4 milliards 500 millions de dettes,

ſerieux examen (*u*). Comme la facilité

Suivant une liſte publique l'Angleterre devoit, en Mars 1768, une ſomme de 129724936 liv. ſterl., dont les intérêts annuels montent à 4646027 liv. ſterl., & à laquelle il faut encore ajouter 3 à 4 millions que doit la marine, un million emprunté à la banque, & 800 mille liv. ſterl. empruntés ſur les billets de l'Echiquier. Les dettes nationnales d'Irlande montoient en Novembre 1765, à 508874 liv. ſterl. Les dettes de la République de Hollande, qui en 1670 montoient a 78 millions de florins, ſe ſont trouvées ces dernieres années faire une ſomme de 450 millions. L'auteur de *l'Intérêt des Nations* la fait monter à un milliard de florins. Quand on conſidere la ſomme prodigieuſe des dettes de l'Angleterre, & qu'on réfléchit que cet état n'a que ſept millions d'habitans, & que ſon revenu général, qui ſelon Davenant ne montoit en 1698 qu'à 44 millions ſterl. & qui n'eſt eſtimé aujourd'hui qu'à 65, on a de la peine à comprendre comment cette nation eſt devenue ſi redoutable : ſon crédit eſt une magie : comment a-t-il été poſſible, que la France avec deux tiers de terrain, d'habitans & de revenus de plus, ſans compter les avantages du ſol & de l'induſtrie, n'ait pu tenir tête à cette nation rivale? C'eſt au Roi Guillaume qu'on attribue les premiers progrès du crédit public. Ce qu'il y a de certain c'eſt que le premier emprunt qui ſe fit ſous ſon règne, & qui étoit de 500 mille liv. ſterl. n'eut lieu que par artifice : on promettoit huit pour cent, & malgré cela les actionnaires negocierent leurs recepiſſés juſqu'à 53

de la perception est la partie essentielle de la finance (*v*), c'est dans la ma-

p. c. de perte : les réfugiés François en acheterent beaucoup, & donnerent un grand crédit à ce fond, ensorte que peu de temps après ces papiers gagnerent deux à trois pour cent. Le fameux Walpole sut étendre le crédit national, & le porter à son comble : mais il abusa de son talent à multiplier & diversifier les taxes. Le crédit actuel des Anglois va si loin, que les Hollandois y ont non-seulement des fonds très considérables, mais qu'ils prêtent même sur ces richesses artificielles. Amsterdam fait un commerce lucratif de ces papiers, surtout des annuités.

(*u*) L'épargne de l'Etat est ce qu'on nomme épargne politique : on en juge mal si on le compare à l'épargne du particulier. Un Etat est un être qui regarde sa durée comme éternelle, & ceux qui gouvernent doivent encore plus s'occuper de l'avenir que du présent.

(*v*) Péréfixe, auteur de la vie de Henri IV, se plaignoit déja que du temps de ce Prince on eut fait une armée de commis destinés à la perception des revenus publics ; depuis l'abus a bien augmenté, & il n'y a guere de pays où il n'y en ait à cet égard. Dans ces derniers temps les Ministres du Roi d'Espagne, Carvasal & l'Ensenada, se sont donnés beaucoup de peines pour simplifier la perception des impôts, & mettre fin aux friponneries inévitables des employés : on établit une commission pour faire le dénombrement des habitans du royaume, & on résolut de faire mesurer par des arpenteurs les terres de la Couronne &

niere de percevoir que se trouvent les plus grands abus (*x*).

§. LXXI.

Les Armées.

Une armée bien entretenue, bien disciplinée, & proportionnée à l'éten-

celles des particuliers. Ces sages dispositions furent arrêtées dans leur naissance, quelque pressant que soit le besoin; je n'en citerai qu'un exemple. Il n'y a qu'une seule fabrique de tabac dans le royaume; elle est à Séville, & rend au Roi cinq millions de piastres : l'administration & la fabrication occupent 34000 ames, dont l'entretien coute annuellement 317402 liv. sterl. La poste occupe 18000 ames qui coutent à l'État 50568 liv. sterl. Le revenu des *millions* entretient 11500 employés à qui on paie 53240 liv. sterl. Les rentes générales occupent 19000 commis dont les gages montent à 64458.

(*x*) Lorsque Pontchartrain, Contrôleur général, fit l'imposition de cent millions, il fut obligé d'accorder un sixieme aux partisans, sans compter les deux sous pour livre autrement aliénés : cela faisoit un objet de 26 millions sans les friponneries. On prétend que la perception des revenus publics coute annuellement à la nation 40 millions de livres. Catherine de Médicis femme de Henri II, mena avec elle des Italiens, qui furent les premiers financiers : *hinc illæ lacrymæ.*

due & aux richeſſes de l'Etat, ainſi qu'à ſa population, eſt un grand avantage, même en temps de paix, où il eſt fort aiſé d'employer utilement le ſoldat. De nos jours les princes de l'Europe ont conſiderablement augmenté le nombre de leurs troupes. Il y a des Souverains dont l'armée conſomme la moitié des revenus de l'Etat : ailleurs elle en emporte les deux tiers. On a conteſté l'utilité des fortereſſes, où ſe trouvent ordinairement les arſenaux & les magaſins : il paroît pourtant qu'elles ſont tout à la fois des retraites pour une armée battue, un appui pour une armée qui entreprend, & un magaſin général pour une armée victorieuſe.

L'utilité des corps de Cadets, & celle des maiſons d'Invalides ont été reconnues de tout le monde. La France brille par les arrangemens qu'elle a faits à ce ſujet.

§. LXXII.

Les Troupes de terre.

Les meilleures troupes de terre ſont les troupes nationales. Une armée de terre eſt compoſée d'Infanterie, de Cavalerie, & de travailleurs : je comprends ſous ce nom tout ce qui appartient aux corps du Genie & de l'artillerie. La Cavalerie est composée de Cuirassiers, de Dragons, & de troupes légeres. On prétend que la Cavalerie doit faire le tiers ou au moins la quatrieme partie de l'armée. Les Soldats d'une armée sont divisés en régimens, les régimens d'infanterie en bataillons & en compagnies, les régimens de Cavalerie en escadrons & en compagnies. La milice ne devroit être prise que dans la classe des citoyens dont les occupations ne sont pas de la plus indispensable nécessité; ordinairement elle n'est destinée qu'à défendre le pays, quelquefois à completter les régimens qui font la campagne. Ce n'est que depuis 1683 qu'on voit en Europe des troupes réglées, conservées pendant la paix. L'entretien d'une armée coûte prodigieusement : il n'en coûte pas moins pour en lever une. On compte qu'un fantassin engagé, habillé, & armé revient à 25 écus d'Allemagne, un dragon & un houzard à 85 ou 90, un cuirassier à 100. L'artillerie & les munitions de guerre emportent également des sommes considérables. De toutes les puissances de l'Europe, celle à qui l'entretien de ses troupes coute le plus est l'Espagne, & la Russie celle à qui il en coûte le moins (*y*). Il est assez

(*y*) Suivant Ustariz mille hommes d'infanterie coutent au Roi d'Espagne, en temps de paix, 62500 écus d'Allemagne par an, & mille homme de Cavalerie 171875. Tout est compris dans ces sommes : habits, armes, pain, enrôlement, solde, frais d'hopitaux, lit, chandelle, bois, ustensilles de caserne, fourages, remonte de la Cavalerie. Suivant un auteur Anglois, qui étoit en Espagne en 1760, l'armée Espagnole composée de 98375 hommes, tant Cavalerie qu'Infanterie, Invalides, Milices, qui en temps de paix sont entretenues par les villes où elles se trouvent, artillerie, soldats servant sur mer, &c., coûtoit au Roi d'Espagne 6213000 écus d'Allemagne, &c. M. de Justi prétend que l'entretien de mille hommes d'infanterie coûte annuellement 50 mille écus à l'Imperatrice Reine, & que l'entretien de mille hommes de cavalerie lui en coute 100 mille. En Dannemarc mille hommes d'infanterie coutent par an 33495 écus Danois. On a toujours calculé que l'entretien d'une armée de soixante-mille hommes revenoit à près de cinq millions d'écus. Dans le traité que l'Impératrice fit avec la France en 1756, on convint que l'entretien de mille hommes d'infanterie seroit évalué à 96 mille florins, & celui de mille chevaux à 288 mille, mais il s'agissoit de ce qu'il coûte pendant la guerre. On prétend que l'entretien de 20000 hommes coûte à l'Impératrice Reine 14 millions de florins en temps de paix. Si nous comparons les temps

difficile de ſavoir au juſte le nombre des troupes entretenues par les Puiſſances de l'Europe (z). Depuis l'in-

anciens aux nôtres la différence de dépenſes nous paroîtra énorme. Sous Adrien les revenus publics montoient à la valeur de 150 millions de nos écus, & malgré le luxe, les profuſions & les divertiſſemens publics il y avoit ſur pied une armée de 200 mille fantaſſins, & de 40000 chevaux, on entretenoit 300 Elephants, 2000 chariots de bataille, deux mille vaiſſeaux ronds, & 1500 galeres.

(z) La Porte Ottomane a ſur pieds 300000 hom.

La Ruſſie - - - - - -	250000 - -
La Maiſon d'Autriche - -	200000 - -
La France (ſans compter 50 m. h. de milice) - - - - -	180000 - -
Les Princes de l'Empire non compris la Maiſon d'Autriche & le Roi de Pruſſe, - - -	130000 - -
L'Eſpagne, tout compris, -	98375 - -
Le Dannemarc, Infanterie, Cavalerie, Artillerie, - - -	70651 - -
La Suede - - - - - -	48000 - -
La Grande Bretagne - - -	40000 - -
Les Provinces Unies - - -	40000 - -
Le Roi des deux Siciles - -	30000 - -
Veniſe - - - - - - -	28000 - -
La Pologne - - - - - -	24000 - -
Le Roi de Sardaigne - -	15000 - -
Les autres Etats d'Italie - -	15000 - -
Le Roi de Portugal - - -	14000 - -
	1483026 hom.

vention

vention de la poudre à canon (*a*), l'art de la guerre eſt devenu ſyſtématique, & la maniere de la faire a changé entierement. L'entretien d'une armée en temps de paix mérite toutes ſortes d'attentions (*b*).

§. LXXIII.

LA MARINE.

Les Nations voiſines de la mer ont été naturellement portées à équiper

(*a*) L'invention de la poudre à canon eſt due à Berthold Schwartz, autrement Conſtantin Angklitzen, de Fribourg en Allemagne : on la place entre les années 1330 & 1351. C'eſt un mêlange de ſouffre, de ſalpêtre, & de charbon : le charbon eſt fait de ſaule, d'aulne, de coudrier, &c., en Angleterre il eſt fait de noiſetier. On ſe ſert de moulins à eau pour paîtrir ces matieres, qui réduites en pâte paſſent, pour être grainées, par un cribre de peau de veau. Il y a 23 Moulins en France, & ils peuvent fabriquer enſemble annuellement 5430000 milliers péſant.

(*b*) Le Soldat eſt un conſommateur, que l'Etat entretient au plus bas prix poſſible : il faut donc le placer là où les denrées ſont par leur abondance à vil prix : mais il ne faut pas détériorer une province pour y rendre la ſubſiſtance du ſoldat plus aiſée. En Dannemarc

quelques vaiſſeaux; leur propre ſureté, & l'aggrandiſſement de leur commerce les ont enſuite obligés à avoir des Flottes. Un vaiſſeau de guerre eſt un bâtiment de mer pourvu de troupes, de canons & d'ouvriers : un certain nombre de ces vaiſſeaux eſt ce qu'on appelle Flotte, un moindre eſt ce qu'on nomme Eſcadre. (*c*).

§. LXXIV.

Les beſoins de la Marine.

Les matériaux ſont le premier objet de la Marine : il s'agit de les raſſem-

on a changé les domaines en diſtricts deſtinés à l'entretien de la Cavalerie : les plus beaux champs ont été convertis en prairies, & les corvées des payſans en ſervice relatifs au fourage de la Cavalerie. On a fait ſix diſtricts pour les douze regiments. Les abus inévitables d'un pareil arrangement ſont bien ſenſibles.

(*c*) Le chef d'Eſcadre eſt un Officier Général qui commande une Eſcadre. En France la Marine militaire a ſix Eſcadres : ſavoir, celles de Poitou, de Normandie, de Picardie, de Provence, de Guiene, & de Languedoc. Une Eſcadre doit avoir au moins quatre vaiſſeaux. Une armée eſt diviſée en trois Eſcadres, & les Eſcadres ont encore leurs diviſions.

bler, de les examiner, & de les employer; ce premier article regarde donc la visite, l'abattage, & les proportions des bois, la connoissance, l'achat, & l'entretien d'un grand nombre de marchandises de toute espece, la maniere de les employer, la construction, le radoub, & l'équipement des vaisseaux. Le second objet regarde la navigation; ou, ce qui revient au même, le pilotage & la manœuvre, c'est-à dire l'usage de la boussole, des cartes marines, des instrumens pour prendre hauteur, & pour mesurer le sillage, l'estimation de la route faite & à faire, & enfin la maniere de disposer les voiles & le gouvernail. Le troisieme objet de la marine regarde la police des ports. En Europe les vaisseaux sont ordinairement de bois de chêne (*d*),

(*d*) On fait bien de choisir du bois abbatu avant l'hyver. Celui où il y a le plus de résine, de gomme, de thérébenthine se corrompt le moins dans l'eau : mais le bois de chêne surpasse tous les autres, parce qu'il est fort sans être pesant, & qu'il se courbe aisément. Les Anglois cependant, s'appercevant que le bois de chêne devient fort rare, ménagent leurs forêts, & bâtissent leurs frégates de bois de sapin. Pour acheter le bois il faut le toiser : on le toise différemment suivant les lieux.

& les mâts de sapin (*e*). Outre le

En France, lorsqu'il s'agit des fournitures de la Marine, & du bois de charpente dans les ports, on mesure les bois par piés cubes. Par exemple, une piece de bois de vingt piés de long sur dix pouces d'épaisseur & autant de largeur donne treize piés dix pouces huit lignes; on multiplie les 20 piés par 10 pouces & le total de nouveau par 10, ce qui fait 2000, qu'on divise par douze. Pour les fortifications on appelle solive une piece de bois de 6 pouces d'équarrissage sur douze piés de long, ainsi une solive tient trois piés cubes.

Les François font travailler leurs bois dans les forêts; les Hollandois ne le font qu'équarrir grossierement; les Anglois ne leur y donnent aucune façon; souvent même ils laissent aux arbres l'écorce & une couple de grosses branches: ils se trouvent par là en état de tirer du bois le meilleur parti possible; & le transport par eau étant peu de chose, ils gagnent à ne point faire travailler leurs bois dans les forêts. Il est clair que là où le bois est rare, & les voitures communes, les Anglois ont raison; mais que là où le bois est commun & le transport difficile ou couteux, les François n'ont pas tort. Comme il est impossible de trouver de grosses & longues poutres, des pieces de quille, des étambords, &c., dans d'autres arbres que ceux qui sont sur le retour, parce que les dimentions de ces pieces sont telles qu'on ne les peut trouver que dans les plus gros chênes, c'est-à-dire dans des arbres qui ont deux ou trois ans, il n'est pas étonnant que les vaisseaux durent si peu.

bois il faut du fer, tant pour les canons & les bombes, que pour les ancres & les crampons, &c., de la poudre à Canon, du chanvre pour les voiles & les cordages (*f*), de la poix & du goudron (*g*). La Marine demande

(*e*) Tout le Nord fournit des mâts : mais il semble qu'on l'épuise. Il y a différens mâts, qui différent de grandeur & de grosseur.

(*f*) Les Turcs font beaucoup de voiles de coton, & les Chinois en font d'une espece de petits roseaux : en Europe on les fait d'une grosse toile de chanfre. Un vaisseau du premier rang doit avoir jusqu'à dix voiles, pour lesquelles il faut 3600 aunes de toile. Il faut pour la garniture d'un vaisseau du premier rang 34056 brasses de cordages, la brasse prise pour six piés; & pour le rechange, en y comprenant les petites cordes, il en faut 32439 brasses. Le tout pese goudronné 219 milliers, & en blanc 164200 livres. On emploie pour un vaisseau de ce rang 90 milliers de fer de toute espece, & 16 à 17 mille livres de clous.

(*g*) Il faut outre cela un enduit pour préserver les bâtimens de mer de la pourriture & de la piquure des vers : on appelle cet enduit Courroi, il est ordinairement composé de brai sec, de souffre, d'huile, & de suif fondus & amalgamés; on y mêle quelquefois du verre pilé; on se sert aussi de l'asphalte, &c. Mais ce Courroi dure peu, & nombre de vaisseaux ont péri faute d'un meilleur enduit. C'est sur-tout dans les mers des Indes que les vaisseaux souffrent

de bons charpentiers & une quantité suffisante de matelots (*h*). Il importe

beaucoup des vers tarets, ou des ces vers qui rongent les digues & les vaisseaux. On prétend qu'ils furent portés en Europe, il y a 60 ans, par une Escadre Françoise, & que depuis ce temps leur multiplication a été si grande que tous les ports d'Europe en sont infectés. Jean Maillé trouva, il y a 40 ans ou environ, le secret de faire un enduit beaucoup meilleur & beaucoup plus durable : les Hollandois, qui en furent instruits, l'appelerent & lui offrirent, outre tous les priviléges & toutes les exemptions qu'il souhaiteroit, cent mille florins de gratification. Il les refusa, & fit plusieurs essais dans différens ports de France, par où il parut que le spalme (nom qu'il donna à cet enduit) employé sur un vaisseau de 74 canons épargnoit une dépense de 18927 livres de France, sur les frais ordinaires dans l'espace de tems que dure le spalme. J'ajouterai ici que ce spalme a été trouvé excellent pour enduire les couvertures de maisons, de granges, d'étables, &c. pour conserver les bois qu'on met en terre, & enfin pour tenir lieu de mastic, lorsqu'il s'agit de lier des marbres, des pierres, & des métaux. Il vient de s'établir une fabrique de spalme par les héritiers de Maillé au Picq, à Rouen, & au Havre. M. Wessel-Linden a trouvé que le talc, réduit en poudre & mêlé avec de la poix donnoit un excellent enduit.

(*h*) On comptoit en France en 1681 environ 60 mille matelots, & au commencement de

à l'Etat de ne pas achetter à l'étranger ce qu'il faut pour la construction des vaisseaux (*i*).

§. LXXV.

L'équipement des Vaisseaux de guerre.

On détermine la grandeur des bâ-

ce siecle 70 mille. Les matelots y sont partagés en 24 classes, & chaque classe sert à son tour, ce qui épargne l'inconvénient de la presse, comme on dit en Angleterre, ou de fermer les ports, comme on dit en France. Les matelots François, faciles à mécontenter, désertent aisément : lorsqu'ils servent le Roi ils sont payés à raison de 12 livres par mois. Tout homme, depuis l'age de 18 ans jusqu'à celui 60, qui se voue au service de la marine, soit sur les vaisseaux du Roi, soit sur des vaisseaux marchands, est obligé de se faire enrégistrer en qualité de matelot dans l'une des 24 classes. Les Hollandois tirent une grande quantité de matelots de la Norvege : on prétend que la sixieme partie de leurs matelots vient de là. Malgré cela les Danois ont un corps de 30 mille matelots destinés à servir la flotte, & divisés en deux ordres : ils n'osent sortir du pays qu'avec une permission, & ils sont obligés de revenir à la premiere sommation. Les matelots qui sont actuellement en service sont partagés en quatre divisions de dix compagnies chacune : la compagnie est de 118 hommes. En général il faut remarquer que

timens de mer par le nombre des tonneaux, des ponts, ou des canons : & les vaisseaux de guerre sont divisés en différentes classes qu'on appelle rangs. En France (*k*) les vaisseaux du premier rang sont du port de 1600 à

les Hollandois mettent toutes les nations de l'Europe à contribution pour former leurs équipages, ce qu'aucune nation ne fait : aussi le corps des matelots feroit-il souffrir l'agriculture & les manufactures en Angleterre, si le peu de troupes de terre que les Anglois ont sur pié, ne composoit ce qu'emporte la Marine.

(*i*) Aujourd'hui les Anglois ne sont occupés que des moyens de pouvoir se passer pour leur Marine du secours des étrangers. Il leur sera pourtant difficile d'employer beaucoup d'autre chanvre que celui de Russie. Ce n'est que depuis le regne d'Elisabeth que les Anglois ont cessé d'acheter des vaisseaux aux Genois, aux Venitiens, aux Hambourgeois, &c. Les François en achetent encore aujourd'hui aux Suédois, & pendant la derniere guerre ils en acheterent aux Genois.

(*k*) En France les vaisseaux du premier rang ont, outre l'Officier qui les commande, deux Capitaines, deux Lieutenants, & deux Enseignes ; ceux du second rang n'ont qu'un Capitaine, deux Lieutenants, & deux Enseignes : ceux du troisieme, un Capitaine, un Lieutenant, & deux Enseignes : ceux du quatrieme & du cinquieme, un Capitaine, un Lieutenant & un Enseigne.

2000 tonneaux, ils ont depuis 90 jusqu'à 120 canons, & trois ponts : ceux du second rang sont du port de 1300 à 1500 tonneaux, ils ont depuis 60 jusqu'à 90 canons, & trois ponts : ceux du troisieme rang sont du port de 800 à 1200 tonneaux, ils n'ont que deux ponts, & 46 à 60 canons; ceux du quatrieme rang sont du port de 500 à 700 tonneaux, ils ont deux ponts & 32 à 46 canons; ceux du cinquieme rang sont du port de 300 à 400 tonneaux, ils ont deux ponts, & depuis 20 jusqu'à 32 canons : au dessous de 20 canons ce ne sont plus que des Corvettes. En Angleterre (*l*) on a un sixieme rang, & en Hollande un septieme. Il faut remarquer, qu'en France ces différens rangs de vaisseaux sont encore divisés en deux classes qu'on nomme ordres. On distingue aussi les

(*l*) En Angleterre la proportion entre le nombre des hommes & celui des canons, est comme il suit. Les vaisseaux du

1 Rang ont	100 canons &		860 hommes d'E-	
2 Rang -	90	-	524-750	- (quipage.
3 Rang -	70 - 80	-	480-600	-
4 Rang -	50 - 60	-	350-400	-
5 Rang -	40	-	250	-
6 Rang -	20	-	150	-

vaisseaux de guerre en vaisseaux de ligne, & en frégates : on entend par les premiers, ceux des trois premiers rangs qui sont assez grands & assez bien armés, pour être rangés en ligne dans un combat naval; & par frégates on entend des bâtimens légers, qui ne sauroient tenir ligne avec les autres. Les premiers ont au moins 46 canons (*m*), le plus souvent ils en ont davantage; ils peuvent en avoir jusqu'à 120. Les frégates n'en ont jamais

(*m*) Les Canons des vaisseaux sont plus courts, & plus pesans de métal que les autres. Ils sont montés sur des affuts de mortier, & ont quatre petites roues faites chacune d'une piece. On ne se sert que de sept calibres différents; savoir du calibre de 36, de 24, de 18, de 12, de 8, de 6 & de 4 livres de bale; les canons de fer n'en ont que cinq, de 18, de 12, de 8, de 6, & de 4 livres de bale. Il vaut mieux avoir peu de canons, mais en avoir d'un gros calibre, & pouvoir s'en servir avec beaucoup de facilité, que d'en avoir beaucoup sans pouvoir les employer commodément. Les Anglois tomboient autrefois dans ce defaut, ils s'en sont corrigés depuis peu d'années : les calibres les plus avantageux pour le combat sont le 36 & le 24 : ceux de 48 assomment les vaisseaux & fatiguent les équipages, c'est pour cela qu'on les fait de bronze.

au de-là de 44, & il y en a qui n'en ont que 20 (*n*). Il y a encore des vaisseaux qu'on appelle galeres, qui sont des vaisseaux de guerre (*o*) à voiles

(*n*) Les Frégates passent après les vaisseaux du troisieme rang; mais quand elles ont au dessous de 20 canons, ce ne sont que des Corvettes, que les Anglois appellent *Sloop*. Un vaisseau du premier rang porte en munitions de guerre 358 quintaux de poudre à canon, 20 quintaux de poudre fine à mousquet; au de là de 12000 boulets de toutes sortes de calibres; 260 paquets de fer, 260 lanternes à mitraille, 1500 balles de plomb : il porte en armes 200 mousquets, 70 mousquetons, 70 pistolets : on y trouve ordinairement 16 canons de fonte de trente-six livres, douze de vingt-quatre, vingt-quatre de douze, vingt-deux de six, les autres canons sont de fer.

(*o*) La Galere est un vaisseau de bas bord : elle a ordinairement deux mâts, 20 à 22 toises de long sur trois de large & une de profondeur : elle a cinq pieces de canon, 25 à 30 bancs de cinq forçats. Les Galeres sont utiles dans la Mediterranée à cause des calmes, qui y sont fréquents. La Galeasse est une grande Galere, qui a trois mâts qu'elle ne peut baisser, 32 bancs de 6 à 7 forçats, 12 canons, & mille à douze cents hommes d'équipage. Il y en avoit autrefois à Venise, où il n'y avoit qu'un Noble Venitien qui pût la commander, & il faisoit serment de ne pas refuser de se battre contre 25 Galeres enne

& à rames. L'Hopital eſt un vaiſſeau, qui ſuit une armée navalle, ou une Eſcadre qui eſt au moins de dix vaiſſeaux, & où l'on tranſporte les malades & les bleſſés. On entend par équipage (*p*), les Officiers de Marine (*q*),

mies. Le Pape, les Genois, le Roi des deux Siciles, l'île de Malthe ont des Galeres qui ne ſortent point de la Mediterranée. La France a été la ſeule Puiſſance qui en ait fait paſſer dans l'Océan : mais elle a renoncé depuis à ces vaiſſeaux, & les Officiers de Galere ont été réunis au Corps de la Marine. L'Eſpagne en a ſix qui croiſent dans la Mediterranée, pour chaſſer les Pirates qui infeſtent les côtes de ce royaume.

(*p*) Les vaiſſeaux marchands de 40 à 50 Laſts n'ont que 7 hommes d'équipage, un mouſe, deux petits canons, deux pierriers. Ceux de 50 à 70 Laſtes ont 8 hommes & un mouſſe; ceux de 70 à 80 ont dix hommes & deux mouſſes. Ceux de 200 Laſtes ont 22 hommes, 3 mouſſes, 8 petits Canons & 8 pierriers.

(*q*) Les officiers de marine ſont l'Amiral, le Vice-Amiral, le Contre-Amiral, le Chef d'Eſcadre, le Capitaine, le Lieutenant, l'Enſeigne. L'Amiral a le dixieme de toutes les priſes qui ſe font ſur mer : il donne ſes ordres par le moyen des ſignaux, qu'on change ſouvent pour que l'ennemi n'apprenne pas à les connoitre. On prétend que Jacques II, encore Duc d'Yorck, inventa les ſignaux. La

les matelots, le pilote (*r*), les soldats, les mousses & les garçons. L'équipage est en proportion du nombre des canons : en France on compte pour chaque canon de quatre livres de bale, trois hommes, savoir un cannonier, un matelot & un soldat ; cinq hommes pour chaque canon de six livres ; sept pour les canons de huit ; neuf pour ceux de douze ; onze pour ceux de dix-huit ; treize pour ceux de vingt-quatre ; & quinze pour ceux de trente six. Ainsi un vaisseau de 60 canons, qui en a ordinairement 26 de dix-huit

grande habileté de l'Amiral consiste à gagner le vent sur l'ennemi.

(*r*) L'habileté du pilote est d'une très-grande conséquence. Les pilotes Anglois passent pour les plus habiles : les pilotes Russes sont très-ignorants, ils ne savent ce que c'est que louvoyer ; quand le vent change ils tournent le vaisseau, & reviennent là d'où ils sont partis. Si l'ennemi sait profiter du vent ou le gagner sur eux, ils sont perdus ; & c'est pour cela encore que les Russes ont tant perdu de vaisseaux. On accuse les mariniers Hollandois de n'être pas fort habiles, & c'est à cela qu'on attribue la perte qu'ils font de beaucoup de vaisseaux aux Indes. Un marinier doit p. e. savoir quand le flux & le reflux arrivent dans tels ports, & il seroit bon d'avoir une mé-

livres de bale, 26 de douze & 8 de six, doit avoir 560 hommes d'équipage (*s*) : mais il est rare que les vaisseaux de guerre aient l'équipage entier. Nous donnerons ci-dessous une table, où l'on verra la proportion, dans laquelle les équipages se trouvent avec le nombre des canons, chez les différentes Puissances maritimes de l'Europe : on pourra aisément la rendre plus complette. Je remarquerai seulement encore, que les vaisseaux, qui ont au de-là de 80 canons, ne rendent pas des services assez importants pour qu'il soit prudent de s'en servir beaucoup. D'ailleurs il y a peu de ports où les vaisseaux du premier rang trouvent assez d'eau : ceux de 80 canons & au de-là sont trop pesans, & on risque d'échouer en abordant (*t*).

thode mechanique pour calculer le temps où ils arrivent.

(*s*) Les Anglois & les Hollandois ont un homme de moins à chaque canon. Ordinairement ils n'ont que 500 hommes d'équipage sur les vaisseaux de 60 canons. Les Armateurs, & les Capres ont le plus d'équipage, qu'il leur est possible, parce qu'ils cherchent à en venir à l'abordage.

(*t*) En 1761 on équipa à Portsmouth un

C'eſt par le pavillon que les vaiſſeaux font connoître à quelle nation ils appartiennent (*u*).

vaiſſeau de 120 canons : c'eſt le plus grand que l'Angleterre ait eu.

(*u*) Le Pavillon eſt une baniere, ordinairement d'étamine, qu'on arbore à la pointe de l'un des mâts : il eſt d'une ou de pluſieurs couleurs, chargé des armes de la Puiſſance à laquelle le vaiſſeau appartient. Le pavillon ſert non-ſeulement à diſtinguer la nation, mais encore à marquer le rang de l'Officier qui commande. Quand un vaiſſeau eſt pris, on attache ſon pavillon aux haubans, & on le laiſſe pencher vers l'eau. Les vaiſſeaux des Puiſſances Chretiennes portent le pavillon quarré : les Turcs fendu & coupé en flammes. En général le pavillon blanc ſe met en ſigne de paix, & le pavillon rouge en ſigne de combat. Les petits vaiſſeaux de guerre ne portent point de pavillon, ils n'ont qu'une double girouette, à moins qu'ils n'eſcortent une Flotte marchande.

Table de la proportion, qui se trouve entre le nombre des canons & l'équipage sur les vaisseaux des différentes Puissances de l'Europe.

Canons.	France.	Angleterre.	Hollande	Espagne.	Dannemarc.	Suede	Russie
104	900 950						
102	850						
100	800	780 860					
96		680 710					
94			700				
92	675 750		650				
90	700 720	680 700 750	550		776		
88	660						

Canons.	France.	Angleterre.	Hollande.	Eſpagne.	Dannemarc.	Suede.	Ruſſie.
86	630						
84	600 630						
80	550	600 520 480		(v) 764			
74	470			650			
72	470		400 430 450				
70	4 0	480 535	400	550 610	638 550		540
68							536
66	400	365 440					
64	350		325 350				462 466 518

(v) Dans le détail de la marine Eſpagnole,

Canons	France.	Angleterre.	Hollande.	Espagne.	Dannemarc.	Suede	Russie
62	350 380						456 462
60	350 380	400 300	350	400 484	481		
58	350 380						335
56	330 350	280		400			
54	300 330	280					
52			300				323 351
50	300	230 280		300 379	381		294 329
48							326 331
46			300	300			
44				250 300			
40	200	190 250	180		307		

Canons.	France.	Angleterre	Hollande.	Espagne.	Dannemarc.	Suede	Russie
36	180		160				
32			160				184 198
30	170 190			200	195		
28	150						
24	120		120	195			179 182
22				100			
20		150		82 100 150	90		

rapporté par Clarke dans ses *Lettres sur l'Espagne*, pour l'année 1760, il ne se trouvoit pas un seul vaisseau de guerre au dessus de 70 canons, & l'équipage étoit bien plus fort qu'il n'est marqué dans cette liste. On comptoit alors 47 vaisseaux de guerre, dont 38 étoient de 70 canons, 4 paquebots, 7 galiottes à bombes, 14 chebeques de 14-30 canons, 21 fregattes L'entretien de cette flotte étoit estimé à 695435 liv. sterl. celui de la Chambre de Marine, & de la Judicature à 19126 liv. sterl.

§. LXXVI.

Les Depenses de la Marine.

Quand on ne compteroit, parmi les depenses de la marine, que ce que les vaisseaux emportent en frais de construction (*x*), & d'entretien (*y*) on

(*x*) Mr. Busching a eu en main un detail des dépenses faites en Suede, pour la construction & l'equipement de quelques vaisseaux de 60 à 70 canons. Un vaisseau de 70 canons, revenoit, suivant cet état, à 367475 écus d'argent, ou à 163322 écus d'Allemagne : ceux de 60 à 223629 écus d'argent, ou à 103817 écus d'Allemagne : en général les grands bâtimens coûtent plus en materiaux & moins en ouvriers, proportion gardée, que les petits. En Angleterre un vaisseau de guerre de 100 canons, non compris l'équipement, coûte 30553 liv. sterl., & compris les voiles les cordages & huit mois de munitions navales 41220 liv. sterl. ceux de 90 coûtent 29886 liv. sterl. ceux de 80 coûtent 23638 liv. sterl. ceux de soixante & dix, 17785, ceux de soixante, 14197; ceux de cinquante 10606; ceux de quarante, 7558; ceux de trente 5840, ceux de vingt 3710. La flotte de 1734 étoit de 209 vaisseaux, dont la construction avoit coûté 2591337 liv. sterl. En temps de paix la flotte royale coûte aux Anglois 40 mille liv. sterl. en réparations. Ces frais deviennent d'autant plus considérables,

ne seroit point étonné qu'une guerre

qu'il en coûte plus pour le bois, le chanfre & le fer. On en jugera par le détail suivant. Voici l'état des dépenses de construction pour un vaisseau de 50 canons, nommé le *Jason*, construit à Toulon en 1740.

Construction.

			lb.		S.
1	En bois de chêne	-	29636	lb.	6 S.
2	En planches de revetement pour le corps du vaisseau		16290	-	5 -
3	En autres planches & autres bois	- - -	14185	-	5 -
4	En fers & en clous	-	21385	-	3 -
5	En marchandises	-	3591	-	8 -
6	En vitres, & ferrures		900	-	- -
7	En cuisines & fonrs	-	780	-	5 -
8	En mâture	- -	2264	-	17 -
9	En vergues	- -	1077	-	2 -
10	En poulies & racages		2212	-	1 -
11	En journées d'ouvriers		34010	-	- -

Garniture, rechange & armement.

12	Cordages	- -	16308	-	12 -
13	Cordages neufs de rechange		1639	-	8 -
14	Ancres & ustenciles	-	4227	-	10 -
15	Mâts, vergues, & jumelles de rechange	- -	327	-	14 -
16	Poulies & caps de mouton de rechange	- -	435	-	- -
17	Voiles & leurs ustenciles		4744	-	16 -
18	Ustenciles du pilote	-	2580	-	13 -

19	Ustenciles du canonier	106058	- 6 -	
20	Armes - -	2406	- 14 -	
21	Coffre de l'armurier -	30	- 9 -	
22	Ustenciles du Maître, du charpentier, du Calfat, de pompe, &c.	1552	- 10 -	
23	Clouterie - -	104	- 8 -	
24	Ustenciles du fond de cale	1353	- 7 -	
25	Ustenciles de cuisines, &c.	197	- 12 -	
26	Chaloupes & Canots	632	- 2 -	
27	Ornemens de Chapelle	300	- 10 -	
28	Coffre de médicamens	934	- 7 -	
		Total 287148 lb.	10 S.	

En calculant sur la même proportion, un vaisseau de 100 canons coûteroit 616586 livres 6 sols.

Les François, les Espagnols & les Suedois emploient, dans la construction de leurs vaisseaux, plus de ferrures & moins de chevilles que les Hollandois & les Anglois. Les Hollandois construisent à moins de frais, mais leur épargne est cause, que beaucoup de vaisseaux périssent : les Anglois outrent la depense, mais ils construisent plus vîte, & leurs vaisseaux sont meilleurs voiliers. Aussi achevent-ils en quatre mois les traversées que les navires Hollandois n'achevent qu'en cinq ou six : or comme le profit le plus sûr est celui qu'on retire à la faveur de la brieveté des voyages sur mer, il paroît que l'économie des Hollandois n'est point une épargne. Les François tiennent un milieu entre l'éconnomie des uns & les avantages des autres; ils ont pour eux le bon ordre, & la bonne police. En général les vaisseaux François sont mieux armés

& mieux équipés, mais il regne une plus grande propreté sur les vaisseaux Hollandois. Un excellent usage en Angleterre, c'est que les constructeurs de vaisseaux sont obligés de présenter leur plan à l'Amirauté. On demande d'un vaisseau de guerre qu'il ait sa premiere batterie élevée de 4 à 5 piés au dessus de l'eau, de bien marcher, bien gouverner, porter la voile, deriver peu, & être doux à la mer. D'un vaisseau marchand on demande qu'il aille bien, qu'il gouverne bien, qu'il porte la voile, qu'il derive peu, qu'il ait des mouvemens doux, qu'il puisse contenir beaucoup de marchandises, & n'exige pas un équipage nombreux. On prétend qu'à Sardam, où est la grande bâtisse de vaisseaux, on peut, pendant toute une campagne, fournir tous les jours un vaisseau neuf, & en donner tour à tour un depuis le premier rang jusqu'au cinquieme. Il suffit pour cela qu'on soit averti six mois d'avance. Je ne veux pourtant pas garantir la vérité du fait; ce qu'il y a de certain, c'est que cinquante ouvriers Hollandois construisent en cinq mois un Navire de 180 à 185 piés de long de l'étrave à l'étambord, & que 20 à 22 ouvriers en construisent en quatre mois un de 174 piés de long. Un vaisseau bien construit peut durer 40 à 50 ans, s'il ne lui arrive pas quelque dommage extraordinaire : la plus grande partie perit avant que d'être usé. Les Danois ont leurs arsenaux & leurs magasins dans le vieux & le nouveau Holm, où ils construisent leurs vaisseaux de ligne, & les fregates; les galeres sont construites à Friderichswærn : on compte 1700 ouvriers dans le vieux Holm.

(*y*) En Espagne l'entretien d'un vaisseau

de 60 canons coûte, pendant un voyage de six mois 69000 écus de veillon, c'est-à-dire environ 43 mille écus d'Allemagne. Suivant le Chevalier Temple l'entretien d'une flotte Hollandoise de 30 à 40 vaisseaux, destinée à escorter les vaisseaux marchands, & à observer les Corsaires, coûtoit par an 6 millions de florins. En 1762 l'entretien d'une flotte Hollandoise de 30 vaisseaux, dont cinq étoient de 40, cinq de 36, cinq de 20, &c. montée de 7900 hommes, coûtoit 284400 florins par mois. La ration d'un matelot & d'un soldat est en France de 18 onces de biscuit, & de trois quarts de pinte de vin, avec autant d'eau: par semaine on leur donne quatre repas de viande, trois de poisson, & sept de legumes; on compte une demi-livre par tête. Un officier de marine a une ration & demie. En Angleterre on donne au matelot, sur la flotte Royale par semaine sept livres de pain, sept bouteilles de bierre, quatre livres de bœuf, quelque peu de beurre, de fromage, & de legumes secs: le total monte à près de sept livres sterling. En Dannemarc on donne au matelot lorsqu'il est en mer, la nourriture, & cinq écus par mois, s'ils ont un certain degré de capacité, & trois ou deux & demi s'ils en ont moins: les capitaines de Marine ont 300 écus, & quelques matelots congédiés dont ils tirent la paie. Les dépenses ordinaires & extraordinaires de la marine de France montoient en 1743, dans le temps où le service des Galeres étoit encore séparé du service de la marine proprement dite, à 23783317 livres, & les dépenses pour le service des Galeres à 4631300 livres.

Je joindrai ici une table qui indique le paiement des officiers & ouvriers qui servent sur la flotte Royale d'Angleterre.

Par jour.

	l. st.	s.	d.
L'Amiral en chef - -	5		5
Le second-Amiral - -	3	10	-
Le vice-Amiral - -	2	10	-
Le contre - Amiral - -	1	15	-
Capitaine Commandant sous le chef	1	15	-
it. Commandant sous le second Amiral	1	—	-
it. Commandant sous le vice-Amiral	-	16	-
it. Commandant sous le contre-Amiral	-	13	6
Capitaine de vaisseau - -	1	—	-
Lieutenant - - -	-	5	-

par mois du premier rang.

Ier. Maître - -	9	—	—
IId. Maître & pilote - -	3	10	—
Contre-Maître - -	3	6	—
Secretaire du Capitaine -	2	5	—
Quartier-Maître - -	1	15	—
Son aide - -	1	10	—
Canonier - -	4	—	—
Son aide - -	1	15	—
Armurier - -	2	5	—
Son aide - -	1	10	—
Charpentier - -	4	—	—
Son aide - -	2	—	—
Pour les ouvriers du charpentier	1	6	—
Le Caissier - -	4	—	—
Le munitionaire pour les vivres	1	5	—

ſur mer (z) ſoit ſi diſpendieuſe. Il faut

Son aide - - -	1	–	– 8
Le Cuiſinier - -	1	–	5 –
Le Chirurgien - -	5	–	– –
Le Chapelain - -	–	–	19 –
Le Maître faiſeur de voiles	1	–	15 –
Son aide - -	1	–	8 –
Ses garçons - -	1	–	5 –
Celui qui travaille à réparer les Canons - -	1	–	5 –
Le Boſſemann - -	4	–	– –
Son aide ayant ſoin des cables & ancres - -	1	–	15 –
Le prépoſé aux poudres -	1	–	15 –

Les Officiers & Ouvriers ſervant ſur les vaiſſeaux des autres rangs ont moins.

(z) Les guerres que les Anglois ont eues leur ont coûté prodigieuſement, & comme ces guerres ſe ſont ſur-tout faites ſur mer, on pourra juger de ce qu'il en coûte pour entretenir une armée navale, en faiſant reflexion que la guerre qui précéda la paix d'Utrecht, & qui dura onze ans, couta à la Nation 1337729 livres Sterling; que celle de 1740, qui en dura dix, couta 3110426 liv. Sterling; enfin que celle qui commença en 1756 a couté en ſix années 3555850 livres ſterling. Suivant une liſte, remiſe en Parlement en 1763, on a employé pendant la derniere guerre 184893 matelots, ou ſoldats : il y en a eu 1512 de tués, il en eſt mort de maladie, ou il en eſt déſerté 133708. Il n'en reſtoit donc que 49673, c'eſt-à-dire moins que le tiers de ce qui avoit été employé.

à une Puiſſance maritime pluſieurs ports où les flottes puiſſent être à l'abri de l'ennemi & des vents : il lui faut des chantiers commodes pour bâtir & calfater les vaiſſeaux : il lui faut des arſenaux, des magaſins bien fournis, des hopitaux (*a*), &c. L'Angle-

(*a*) L'hopital de Greenwich, où il ne peut entrer aucun Catholique, eſt une retraite pour mille Invalides & 60 veuves : on y fait encore inſtruire cent enfans de matelots, & on penſionne 700 veuves.

Le *Raſpel Houſs* d'Amſterdam eſt un établiſſement non moins utile : on ſait que les matelots ont bientôt après leur arrivée dépenſé ce qu'ils ont amaſſé; leur ſervice étant fini & ne trouvant pas d'abord à s'engager ſur d'autres vaiſſeaux, ils ſe livreroient aiſément à des déſordres, ſi on ne leur procuroit le moyen de ſubſiſter : c'eſt ce qu'ils trouvent dans le *Raſpel Houſs* où ils travaillent à la groſſe toile qui ſert à faire des ſacs pour les épices, & à de groſſes étoffes qui ſervent à habiller ceux de la maiſon. Tout cela ſe fait pour compte de la Compagnie des Indes. Les matelots peuvent s'y engager pour autant de temps qu'ils veulent, & quitter quand il le jugent convenable. La nourriture qu'ils y trouvent eſt mediocre, mais auſſi ſont-ils habillés aux depens de la maiſon lorſqu'ils y reſtent quelque temps.

(*b*) En diviſant la marine marchande & militaire de l'Europe en 26 parties égales, on peut eſtimer celle des Anglois 10, celle des

terre a depuis long-temps gagné la supériorité sur mer (*b*).

§. LXXVII.

De la liaison entre les Etats Souverains.

On envisage un Etat comme un

Hollandois $4\frac{1}{2}$, celle des Puissances du Nord 2, celle d'Allemagne & des Pays-Bas Autrichiens 1, celle de France $3\frac{1}{2}$, celle d'Espagne $2\frac{1}{4}$, celle de Portugal $1\frac{3}{4}$, celle d'Italie & de la Porte Ottomane, 1. La marine Angloise, qui consistoit en 1678 en 83 vaisseaux, & dans le courant de l'année 1689 en 163 montés de 42 mille hommes, se trouvoit le 22 Novembre 1762 consister 1) en vaisseaux en commissions, savoir trois de 100 canons, onze de 84 à 90, cinquante-huit de 64 à 80, trente-neuf de 50 à 60, quarante-trois de 30 à 44, quarante-huit de 20 à 28. Avec cela on comptoit onze Galiottes à bombes, quatre Brûlots, 28 vaisseaux armés en course, trois de munition, trois pour l'hôpital, & 10 Yachts. 2) En vaisseaux hors de commission, savoir un de 100 canons, un de 90, dix de 64 à 80, dix-huit de 50 à 64, dix de 30 à 40, quatre de 24 à 28, un Yacht. 3) En vaisseaux sur les chantiers, un de 100 canons, deux de 90, dix autres depuis 80 jusqu'à 28. 4) En vaisseaux pris à la Havane, savoir trois de 70, quatre de 60, &c. Suivant une liste imprimée en 1770 la marine Angloise consistoit en trois

corps moral : les mêmes rapports qui peuvent ſe trouver entre deux hommes, dans l'état de pure nature, ſont applicables à des Etats indépendants. Ces loix générales, qui ne tendent à la conſervation & au bien-être des hommes, & à l'obſervation des quelles la raiſon leur permet d'obliger par la force ceux qui voudroient les violer ; ces loix, dis-je, forment ce qu'on appelle le droit des gens. Comme il eſt arrivé dans la ſuite, que des devoirs de bienſéance, de complaiſance, d'équité ſont devenus des devoirs de néceſſité, en vertu des traités & des alliances où l'on a promis de les obſerver, le droit des gens, auquel les Nations policées de l'Europe en appellent aujourd'hui, eſt bien plus étendu que celui que la raiſon ſeule établit entre toutes les nations du monde. Combien ces loix ont été violées par ceux-là même, qui auroient dû les obſerver le mieux, c'eſt ce que l'hiſtoire apprend à la honte de l'humanité. L'intérêt, le beſoin, & la vanité ont fait naître des liaiſons entre les Souverains : pour entretenir ces liaiſons, les Princes ſe ſont envoyé mutuellement des Miniſtres, chargés du ſoin de veiller à tout ce qui pourroit intéresser leurs Maîtres. Ces Envoyés sont aujourd'hui des espions privilégiés : autrefois leur mission n'étoit que de courte durée. Quelques-uns d'entre eux représentent la personne de leur maître ; ils sont appelés ambassadeurs : on leur accorde des audiences publiques, une entrée solemnelle, des honneurs particuliers. Les Ministres du second ordre sont nommés Envoyés, Ministres plénipotentiaires, Résidens : ceux qu'on nomme Chargés d'affaires, Agents, &c ont comme tous les autres pleine sûreté pour leur personne & pour leur suite : mais on ne leur accorde pas les mêmes honneurs, & on ne leur confie pas des affaires d'une trop grande importance. Dans les différentes Cours de l'Europe le rang de ces Envoyés n'est pas le même, leurs droits different aussi ; l'usage fait loi. Les intérêts de l'État, considéré dans sa liaison avec les autres états, sont l'objet des spéculations des politiques : ils sont communément confiés à certaines personnes, qui composent ce qu'on appelle Département des affaires étrangeres. Le but & les vues des personnes qui composent ce College, sont de veiller à l'aggrandiſſement, à la ſplendeur & à la conſervation du royaume, de tirer parti des circonſtances favorables, d'empêcher qu'une Puiſſance ne devienne trop formidable, & de faire ſervir les alliances & les traités à tenir en reſpect les Puiſſances, qui pourroient être redoutables. La politeſſe des mœurs a introduit entre les Cours des uſages, auxquels on ne manque plus : tels ſont les notifications dans le cas de quelque évenement remarquable, les complimens de félicitation, ceux de condoléance, & le deuil que les Cours portent à la mort de quelque Prince étranger.

§. LXXVIII.

De la liaiſon entre le Souverain & les Sujets.

Le rapport entre la Souveraine puiſſance & ceux qui y ſont ſoumis, eſt déterminé par la nature du Gouvernement, & les loix fondamentales de l'Etat. Le Gouvernement intérieur a pour objet la ſûreté & l'abondance ; tout ſe rapporte à ces deux objets. Comme un Souverain ne peut pas veiller lui-même à tout, il confie à quelques personnes les différentes branches du Gouvernement : de là sont nés ces Corps d'administration appelés Chambres, Colléges, Tribunaux, Conseils, Cours, &c. Ordinairement il y a un College supérieur, où l'on examine en dernier ressort toutes les affaires qui regardent l'intérieur de l'Etat, & où le Souverain préside : on l'appelle Conseil d'Etat, Conseil privé, Conseil du Cabinet, &c. Les finances, la marine, les troupes de terre, les affaires de justice, les affaires ecclésiastiques, & la police ont chacune leurs Directeurs, leurs Conseillers & leurs Secretaires. Il est aisé de juger combien tout cela varie dans les différens pays de l'Europe. Il ne faut pas chercher hors de ce Continent quelque chose fort remarquable dans le Gouvernement intérieur. L'ame de ce Gouvernement est l'observation des loix : car il est plus heureux pour un Etat de n'en point avoir, que d'en avoir qui ne soient point observées. On charge quelquefois certaines personnes de veiller à ce qu'elles soient observées ; c'est l'emploi du Fiscal, dénomination due à l'usage de punir les violations des loix par des amendes pécuniaires.

§. LXXXIX.

Le Cérémonial.

Le cérémonial en général est l'ensemble des usages & des coutumes, que les Souverains & leurs représentans suivent avec exactitude, lorsqu'ils veulent indiquer par leurs actions extérieures leur rang, leur pouvoir, & leur autorité. Quelques cérémonies sont peu raisonnables, parce que les hommes tiennent trop aux sens : dans leur origine elles n'étoient autre chose que des signes propres à rappeler aux Souverains & aux sujets leurs devoirs mutuels ; aujourd'hui que les mœurs ont changé, il y en a beaucoup de ridicules. Il est bon cependant qu'elles soient déterminées (*c*) : les disputes qu'elles

vaisseaux du premier rang de 120, de 116, & de 100 canons, en dix du second rang tous de 90 canons, en soixante & quinze du troisieme rang de 64 à 80 canons, en trente sept du quatrieme rang de 50 à 60 canons, en soixante & dix du cinquieme rang de 28 à 44 canons, en vingt-six du sixieme rang de 20 à 24 canons, en quarante deux fregates de 8 à 18 canons, en 8 galiottes à bombes, un brûlot, sept Yachts, trente-deux vaisseaux ar-

ſont naître ſont toujours fâcheuſes. En Allemagne ce n'eſt que depuis les difficultés que le reglement du cérémonial éprouva à Munſter & à Oſnabrug, lors du traité de Weſtphalie, qu'on s'eſt appliqué à cette matiere. Le cérémonial eſt enviſagé ſous trois points de vue différens, eu égard à la perſonne même du Souverain, eu égard aux Puiſſances étrangeres, & eu égard aux Sujets. Le cérémonial, en tant qu'il regarde le Souverain même, peut avoir pour objet toutes ſes actions : il y a des Princes qui tiennent à l'étiquette, & pour qui les dehors de la Souveraineté ne ſauroient être trop marqués,

més en courſe, vingt-ſept vaiſſeaux ſur les chantiers, dont un de 94 canons, quatre de 90, neuf de 74, & cinq de 64. Quelle Marine! ſi les vaiſſeaux François ont l'avantage du nombre pour l'équipage, les officiers Anglois ont plus d'experience, connoiſſant mieux la mer, & ſont plus habiles en fait de manœuvre.

(c) C'eſt au Grand-Maître des Cérémonies à connoître tous ces uſages, & à regler dans l'occaſion tout ce qui regarde ces cérémonies, qui ont cauſé plus d'une fois de vives diſputes. Il y a à Rome un collége qui ne s'occupe que de cela, on l'appelle *Congrégatione de riti*, & un Cardinal y préſide.

Les uſages obſervés dans la vie privée des Princes ſont la grande étude des courtiſans : le courtiſan s'occupe du lever & du coucher (*d*), de l'habillement (*e*), des actes extérieurs de dévotion (*f*), des uſages établis dans la conſécration des Egliſes (*g*), &

(*d*) Il étoit autrefois d'uſage en Eſpagne, que le Roi ſe couchât toujours à une heure déterminée : en été à dix heures, & en hyver à neuf. Anciennement les Rois d'Eſpagne alloient trouver le lit de la Reine l'épée ſous le bras, & un livre de prieres à la main.

(*e*) Il eſt d'uſage dans certaines occaſions, comme par exemple les jours de fête, que le Souverain mette les marques de ſes ordres, ou de l'ordre qu'un autre Souverain lui a envoyé. A la cour Imperiale on s'habille à l'Eſpagnole les jours de cérémonie.

(*f*) Les Souverains vont ordinairement faire leurs dévotions dans leur Chapelle : chez les Catholiques le grand Aumonier benit les viandes, lorſqu'ils ſe mettent à table : ils lavent les piés à une douzaine de pauvres le Jeudi Saint, &c.

(*g*) Après que les fondemens d'une Egliſe ſont achevés, on a coutume de poſer en cérémonie ce qu'on appelle la premiere pierre. Ordinairement les Princes chargent quelqu'un de cette commiſſion. Chez les Proteſtans on met quelquefois au deſſous de cette pierre, l'Evangile, des livres Symboliques, des medailles, différentes pieces de monnoies. Chez les

des édifices publics, des droits du Palais (*h*), des cérémonies d'appartement & de table (*i*), des voyages (*k*), des mariages (*l*), noces & batêmes (*m*),

Catholiques on benit le terrain, & on consacre le bâtiment après qu'il est achevé, ce qui est une fonction Episcopale. Les Protestans consacrent leurs Eglises, après qu'elles sont bâties, par quelque acte de dévotion, par le chant du Te Deum, &c.

(*h*) Les Souverains n'avoient autrefois aucune demeure fixe : depuis qu'on a eu des Capitales ou résidences, on a eu des maisons Royales, à qui l'on a accordé beaucoup de priviléges. Quelques Princes ont des gardes distinguées : il y a les cent Suisses en France, &c. On regarde quelquefois comme des priviléges affectés à certaines personnes de pouvoir faire entrer leurs carosses dans les cours des maisons Royales.

(*i*) Le Grand Seigneur mange toujours seul. En France le Roi ne mange en public qu'avec sa famille : même les Princes & les Princesses du sang n'y mangent pas. Dans quelques Cours il est d'usage que dans les repas publics le Médecin, ou quelque autre, goute les mêts & le vin. Cela se pratique encore en France & en Espagne.

(*k*) Les Princes ne voyagent guere sans prendre l'incognito : il est d'usage que les Princes, sur le territoire desquels ils passent, les fassent complimenter.

(*l*) Dans les contrats de mariage on con-

des droits de famille (*n*), des domeſ-

vient du douaire, de la réſidence des Douairiéres; les Princeſſes renoncent quelquefois à certains droits de ſucceſſion, quelquefois elles changent de religion.

(*m*) Dès qu'une Princeſſe eſt enceinte il ſe fait pour ſon heureuſe délivrance des prieres publiques. Dans quelques Cours il eſt d'uſage, que certaines perſonnes aſſiſtent aux couches des Princeſſes; En Angleterre il eſt néceſſaire que l'Archevêque de Cantorbery ſoit préſent à celles de la Reine. En France le Roi, les Princes & Princeſſes du ſang doivent être préſents. Après la délivrance on remercie Dieu par des prieres publiques: le Pape envoie quelquefois aux Princes Catholiques des langes benits. Souvent on célébre la naiſſance des Princes par des actions de clemence, on ouvre les priſons, on diſtribue de l'argent aux pauvres, &c.

(*n*) Les prérogatives, le rang, les titres, les revenus des Princes & Princeſſes des maiſons Souveraines dépendent des uſages, des traités, des contrats de mariage, de la bonne volonté des peuples, &c. Les Princeſſes d'une maiſon Royale ne perdent ni leur titre ni leur rang en épouſant un Prince, qui n'en eſt pas ſorti. Lorſque les Princes épouſent des femmes d'une condition inférieure, les enfans portent quelquefois le nom de leur mere, & n'ont d'autre rang que celui-là. La légitimation des enfans naturels ſouffre beaucoup de difficultés. Il ſeroit à ſouhaiter que les Princes n'en euſſent point de reconnus pour tels.

tiques (*o*), du teſtament, de la mort, de l'enterrement, & du deuil (*p*). Le cérémonial, obſervé entre les Souverains, regarde la prééminence qu'ils prétendent (*q*), les viſites qu'ils ſe

(*o*) Dans quelques pays il eſt néceſſaire que tous les domeſtiques, qui approchent le Souverain, ſoient du pays & de la religion du pays. Cela eſt ainſi en Eſpagne.

(*p*) En France le Roi porte le deuil en violet : la Reine, tant que le Roi vit, le porte en brun, & après ſa mort en blanc. A Veniſe le Senat s'habille en rouge à la mort du Doge. En Europe le deuil eſt général dans le pays à la mort du Souverain, en Abyſſinie le peuple ſe fait couper les cheveux à la mort de l'Empereur.

(*q*) Quoique par la nature des choſes la Souveraineté n'admette point d'inégalité, & que s'il y en a une réelle entre les Souverains, ce ſoit celle qui pourroit naître de la différence du pouvoir, limité ou illimité par les loix fondamentales du pays, il s'eſt pourtant introduit en Europe certains uſages qui ſemblent décider de la prééminence. L'Empereur d'Allemagne a le premier rang, qu'aucune Tête couronnée ne lui conteſte. Le Pape a voulu s'arroger le droit de décider des diſputes qui pourroient naître à ce ſujet : mais nos temps plus éclairés ont rendu ridicules les prétentions de la Cour de Rome. Les Cardinaux ayant prétendu le pas ſur les Electeurs, il a fallu, pour les faire déſiſter de cette prétention, que

ſont, leurs Envoyés (*r*), leurs titres (*s*),

le Pape déclarât Patriarches les trois Electeurs Eccléſiaſtiques; ſavoir celui de Mayence, Patriarche de Jeruſalem; celui de Trêves, Patriarche d'Antioche; & celui de Cologne, Patriarche d'Alexandrie. Cette diſpute au ſujet de la prééminence en a occaſionné au ſujet des honneurs que les Souverains accordent aux Ambaſſadeurs des autres Souverains. Le Duc de Crequi fut deux ans à negocier avec les Miniſtres de la Reine Chriſtine ſur l'eſpece de ſiége qu'elle lui feroit donner.

(*r*) Il n'y a que les Etats Souverains qui puiſſent envoyer & recevoir das Ambaſſadeurs, des Envoyés, &c. Les villes ſous la protection de quelque Souverain n'envoient que des Députés.

(*s*) Les titres ne furent dans leur origine que des ſignes de quelque réalité: aujourd'hui il y a bien des biſarreries à cet égard. Autrefois il n'y avoit que l'Empereur auquel on donnât le titre de Majeſté: les Rois n'avoient que celui d'Alteſſe, de Sérénité, de Grace. Louis XI fut le premier qui prit celui de Majeſté: cependant on donna encore dans la ſuite le titre d'Alteſſe à Henri III. Il n'y a que les Princes Souverains qui ſe ſervent dans leurs titres de l'expreſſion, *par la grace de Dieu*: les Evêques, qui s'en ſervent auſſi, y ajoutent & *par celle du Saint Siege*. Il y a une étiquette de Chancellerie dans chaque Cour: les uſages à cet égard varient beaucoup. Quand un Souverain écrit à un autre Souverain il l'appelle mon Frere, ou mon Couſin, &c. ſuivant

les investitures (*t*), les traités & alliances ( ), la guerre (*v*). Enfin le cé-

le plus ou le moins de prééminence, qu'il prétend sur celui à qui il écrit. Il n'y a que les Quakers, qui ne veulent point entendre parler de titres : ils tutoient le Roi d'Angleterre comme un particulier. Dans les titres, dont les Souverains de l'Europe se servent, on observe qu'il ne s'y trouve pas seulement les possessions actuelles, mais encore les prétentions.

(*t*) Dans son origine l'investiture n'etoit qu'une promesse du Vassal à son Seigneur Suzerain : toute la cérémonie consistoit à donner la main. Aujourd'hui le vassal prête serment : c'est à la Cour de Vienne que les Investitures se font avec le plus de cérémonies.

(*u*) Les traités & les alliances se négocient par des Ministres; & quand ils sont d'accord les Souverains envoient leur ratification. Autrefois la conclusion du traité étoit précédée de quelque acte de dévotion, & confirmée par le serment. Je n'ai trouvé dans l'histoire de ces derniers temps, que deux exemples où des traités aient été jurés. L'un est l'alliance que les Vénitiens firent avec les Cantons de Zurich & de Berne en 1706, & l'autre celle que la France conclut en 1715 avec les sept Cantons Catholiques.

(*v*) Les déclarations de guerre se font quelquefois avec cérémonies. En Angleterre un Hérault d'Armes la publie dans tous les quartiers de la ville. Les Manifestes, & le rappel ou le renvoi des Ministres sont au-

rémonial des Cours, eu égard à la liaison qui se trouve entre la Majesté des Souverains & les devoirs des Sujets, regarde la majorité des Princes & l'institution des tuteurs (*x*), le droit de succession (*y*), l'interregne (*z*), le couronnement (*a*), les entrées so-

jourd'hui la maniere ordinaire de déclarer la guerre.

(*x*) Les Princes sont majeurs beaucoup plutôt que les particuliers : ils devroient l'être plus tard. En France le Roi est majeur à 14 ans ; en Allemagne les Princes Souverains le sont à 18 ; en Suede le Roi ne l'est qu'à 21, en Dannemarc après 13 ans accomplis.

(*y*) Dans quelques pays les femmes sont exclues du Gouvernement : dans d'autres elles n'y parviennent qu'après l'extinction des mâles ; enfin il y en a où elles jouissent des mêmes droits que les mâles. Le droit de primogéniture est introduit presque partout. En Russie la Succession dépend entierement du Souverain.

(*z*) La mort, l'abdication, & la révolte sont les trois moyens par lesquels l'interregne est possible. Les loix fondamentales du pays reglent les droits, comme tout ce qui peut regarder le cérémonial ; dans les personnes appelées au Gouvernement.

(*a*) Tous les ornemens, employés dans le Couronnement des Princes, ne furent dans leur origine que des signes propres à exprimer tout à la fois le pouvoir des Souverains

lemnelles, l'abdication (*b*), le ferment de fidelité, la convocation des Etats, les ordres, &c. Je n'indique ici que les matieres.

§. LXXX.

Du Cadastre.

Comme l'ordre est lame de toutes les opérations, soit qu'elles regardent les affaires publiques ou les affaires particulieres : tout ce qui peut concourir à l'entretenir ou à le perfectionner merite une attention particuliere. On n'y parvient guere sans avoir pris

& leurs devoirs. Le droit de couronner les Princes est quelquefois affecté à certains Ecclesiastiques; en Angleterre c'est l'Archevêque de Cantorbery, en Espagne celui de Tolede, en France celui de Reims, en Boheme celui de Prague, à qui ce droit est réservé. Lors du Sacre les Souverains ont coutume de prêter serment sur l'Evangile : on prétend que l'Evangile, conservé à Reims & employé au sacre des Rois de France, est en langue Esclavone.

(*b*) L'abdication des Souverains se fait ordinairement avec beaucoup de cérémonies. Les exemples en sont rares, & ils méritent peu les éloges que quelques personnes enthousiastes leur ont donnés.

la précaution de se faire des idées bien nettes de l'étendue des objets où cet ordre doit regner : de là sont nés ces tableaux qui présentent en abregé tout ce que renferme l'objet en question. Il faut bien distinguer ces tableaux ou ces Cadastres de ces simples nomenclatures, qui n'instruisent que des enfans.

L'homme d'Etat peut tirer un grand parti d'un semblable tableau. Je sais bien qu'on dira que ce tableau est difficile, si non impossible, à executer : qu'il y a toujours lieu de craindre que les erreurs les plus grossieres s'y glissent & que pour ceux qui ne servent l'Etat que dans une partie de l'administration publique des affaires ce n'est qu'une vaine curiosité. On dira bien encore, qu'un tableau exact éclaireroit trop les Puissances étrangeres, toujours interessées à s'accroître aux depens des autres. Mais sans m'arrêter à repondre à ces difficultés, qui n'en sont pas de réelles, j'aime mieux tenter de donner un plan d'un Cadastre général, & laisser à des mains plus habiles le soin de le corriger.

Je pars de ce principe que l'Etat est une grande famille, que le chef se propose d'aggrandir, d'enrichir & d'établir sur des fondemens durables. Il me semble voir un pere de famille attentif à connoître tous les besoins de ses enfans, leurs vertus, leurs vices, leurs foibles, occupé du soin de leur procurer à tous une augmentation de biens, cherchant à en adopter davantage, & voulant les mettre à l'abri de tout ce qui pourroit leur nuire, ou diminuer leur nombre. Pour diriger les opérations générales dans ce but, il s'agit de bien connoître l'Etat, & voici les objets dont je voudrois former le tableau (*c*).

ETENDUE.

Le royaume N. a d'étendue en miles quarrés - - - 3000

(*a*) Dans l'idée de présenter le tableau comme j'imagine qu'il seroit utile de le faire, j'ai fait une estimation quelconque de l'étendue & de la population d'un Etat, & c'est d'après cette estimation que j'ai fixé tous les autres articles. On comprend que les nombres & les valeurs indiqués ne sont qu'une supposition imaginaire : aussi ai-je supprimé l'estimation d'une bonne partie des articles de ce tableau : le travail de fixer un taux probable m'eût trop coûté pour fournir un résultat qui au bout du compte ne seroit d'aucune utilité.

Savoir.

La Province A - - -	700
La Province B - - -	640
La Province C - - -	740
La Province D - - -	450
La Province E - - -	60
La Province F - - -	110
La Province G - - -	38
La Province H - - -	240
La Province I - - -	22

POPULATION.

Le royaume N. a cinq millions d'habitans, ſavoir

La Province A - -	804 000
La Province B - -	962 000
La Province C - -	1700 000
La Province D - -	420 000
La Province E - -	116 000
La Province F - -	354 000
La Province G - -	132 000
La Province H - -	480 000
La Province I - -	34 000

Dans cette ſomme totale de cinq millions d'habitans il y en

Laboureurs (*d*) - 1 200 000

(*d*) Dans le tableau de chaque Province

Enfans, femmes de laboureurs & autres personnes vivant à la campagne - -	2 550 000
Fabricans, manufacturiers, avec les compagnons & garçons	22 000
Artisans dans les villes - -	85 000
leurs familles - -	255 000
Artisans dans les campagnes -	12 000
—— leurs familles -	50 000
Militaires - - -	100 000
—— leurs familles - -	100 000
Officiers civils - - -	17 000
—— leurs familles -	68 000
Ecclesiastiques - - -	7 000
—— leurs familles -	28 000
Nobles - - - -	48 000
Maîtres ou précepteurs -	46 000
Juifs - - - -	6 000
Etrangers - - -	1 000
Negocians & revandeurs -	10 000
—— leurs familles -	46 000
Domestiques & servantes -	250 000
Classe des citoyens qui vivent de leur bien ou de leur industrie, & qui ne sont pas compris dans les autres classes, avec leurs familles	154 000
Somme totale	5000000

Accroissement annuel de population dans les années ordinaires -	18 000

Villes, Villages, Bourgs, Maitairies.

	villes,	bourgs,	villages,	maitairies.
La Province A. a	62	4	1700	500
La Province B. a	124	11	2500	900
La Province C. a	182	14	4760	1100
La Province D. a	68	2	1900	280
La Province E. a	3	-	280	60
La Province F. a	29	6	430	120
La Province G. a	13	2	98	20
La Province H. a	56	9	540	310
La Province I. a	3	1	64	40
Somme totale dont	540	49	12272	3330
à la Couronne	488	2	4110	900
à des Communautés	4	18	2780	200
à des particuliers	48	29	5382	2230

Richesses naturelles.

Total du terrein cultivé (*e*) arpens quarrés (*f*). 16 580 000

doit se trouver marqué combien elle a de laboureurs, &c.

(*e*) Dans un tableau particulier de chaque province on indique en détail les différens articles, dont il est ici question.

(*f*) L'arpent à 180 perches.

Total du terrein en friche	quatre millions.	
Valeur moyenne de toute la récolte	-	70 millions écus d'Allemagne.
Total de la récolte des gros grains		50 millons de boiſſeaux (*g*).
Sa valeur	-	50 millions écus.
Total de la récolte des menus grains		32 900 000 boiſſeaux.
Sa valeur	-	20 millions écus.
Total de la laine		1 200 000 Steins (*h*).
Sa valeur	-	6 000 000 écus.
Total du lin		3 000 000 Steins.
Sa valeur (y compris la graine)		6 500 000 écus.
Total du chanvre		2 000 000 Steins.
Sa valeur (y compris la graine)		4 000 000 écus.
Total de la valeur du foin & de la paille		17 000 000 écus.
Total de la valeur du tabac, & autres plantes d'uſage.		800 000 écus
Jardinage & fruits		1 000 000 écus.
Cire		50 000 Steins.

(*g*) Le boiſſeau péſant 80 livres.
(*h*) Le Stein à 22 livres péſant.

Sa valeur		250 000 écus.
Miel		20 000 tonnes (*i*).
Sa valeur		45 000 écus.
De la soie		25 000 livres.
Sa valeur		150 000 écus.
Gros bétail		3 000 000 pieces.
Produit		10 000 000 écus.
Bergerie		12 000 000 pieces.
Produit (non compris la laine)		6 000 000 écns.
Chevaux		300 000 pieces.
Valeur totale de la volaille		500 000 écus.
Chasse, sa valeur		250 000 —
Pêche, sa valeur		400 000 —
Bois de construction : produit annuel		2 000 000 —
Bois de chauffage : produit annuel		4 000 000 —
Mines d'argent	1000 Marcs fin.	750 —
Mines de cuivre	2000 quintaux	46 000 —
Mines d'alun	1500 quintaux	6 000 —
Mines de souffre	150 quintaux	600 —
Mines de vitriol	1000 quintaux	1200 —
Fer en barres	300 000 quint.	600 000 —
Fer ouvragé	9 000 quintaux	27 000 —
Carrieres ; pierres à chaux, produit annuel		20 000 —

(*i*) La tonne à 20 livres.

Carrieres; ardoises, produit annuel 80 000

Sel de fontaine, produit annuel 1 500 000 —

Briqueries, produit moyen, les frais déduits 300 000 —

Manufactures, Fabriques, Professions.

1. Etablissemens ou Entreprises
2. Manufacturiers en laine ont
   metiers
   ouvriers
   consomment en laine
3. Manufacturiers en soie ont
   metiers
   ouvriers
   consomment en soie
   — en fil
   — en poil de chêvre
4. Manufacturiers en coton ont
   metiers
   ouvriers
   consomment en coton
   — en soie
   — en fil
   — en laine
5. Manufacturiers en toile ont
   metiers
   ouvriers

6. Glaces, Verres & Verroteries : il y a
Verreries
Fourneaux
ouvriers

7. Ouvriers en cuivre de toutes especes
consomment en cuivre

8. Ouvriers en fer de toutes especes
consomment en fer

9. Ouvriers en acier
consomment en acier

10. Porcelaine
ouvriers

11. Fayence, Potterie
ouvriers

12. Ouvriers en cuirs
consomment en peaux

13. Ouvriers en métaux fins & pierres précieuses
Orfevres
Bijoutiers

14. Professions ou arts méchaniques
savoir (*k*)

COMMERCE.

1. Exportation, en
a) Matieres premieres & valeur
b) Matieres travaillées & valeur

(*k*) Voyez l'art : des arts mechaniques cy-dessus, & la fin de ce Paragraphe.

c) Denrées & valeur
d) Droits de sortie dans le pays
e) Droits d'entrée dans l'étranger

2. Importation en
a) Matieres premieres & valeur
b) Matieres travaillées & valeur
c) Denrées & valeur
d) Droits de sortie chez l'étranger
e) Droits d'entrée dans le pays

3. Places de Commerce.
— avantages.
— inconvenients.

4. Transito de terre.
— d'où & pour où
— droits perçus.
— par eau
— — d'où & par où
— — droits perçus.

5. Negocians.
nombre des Negocians en gros.

6. Especes.
coursables & leur agio dans le pays & dans les places étrangeres.

7. Branches de commerce perdues.
— raison de cette perte.

8. Branches de commerce à ouvrir.

GOUVERNEMENT.

1. Administration de la Justice confiée

en dernier reſſort au
Tribunal :
les employés & leur ſalaire.
dans les provinces à des
Cours de Juſtice.
les employés & leur ſalaire.
les juſtices ſubalternes.

2. Adminiſtration des finances confiée
en dernier reſſort à
un Directoire quelconque
les employés & leur ſalaire.
dans les provinces à des
Chambres.
nombre des employés & leur ſalaire.

3. Perception.
des droits, comme acciſe, poſte, timbre, &c. des deniers, caiſſes.

4. Affaires étrangeres.
Département.
Miniſtres dans les Cours étrangeres.

5. Affaires éccleſiaſtiques.
Conſiſtoires.
Eccleſiaſtiques.
Fondations pieuſes.
Chapitres.
Hopitaux.
Colleges.
Ecoles.

6. Police.
Livres d'hypotheque.

Logement des troupes.
Entretien des bâtimens publics.
College de Médecine.
College de Santé.
Enterremens.
Fêtes publiques.
Arrangemens pour la fureté publique, pour les vivres, pour la propreté de la ville, & pour les lanternes.

IMPÔTS.

Produit total des impofitions.
Produit de l'impofition dans les villes.
Produit de l'impofition dans les campagnes.
Produit qui entre dans les Caiffes de l'Etat.
Produit qui paffe en d'autres mains.
Produit de l'impofition fur la nobleffe.
— — fur le clergé.
— — fur les Juifs.
— — fur les artifans.
— — fur l'étranger.

GENS DE GUERRE.

Dépenfes pour la folde.
— — les habillemens.

— — le logement.
— — les armes.
— — les recrues.
— — les munitions de bouche & de guerre.

Villes de garniſon.
Maiſons d'Invalides.
Dépenſes pour la Marine.
Dépenſes en ſolde pour l'officier, le matelot, l'ouvrier & le ſoldat.
— en conſtruction de vaiſſeaux & officiers prépoſés à y veiller.
— en Magaſins & fournitures.

REVENUS.

Impoſitions.
Domaines.
Fermes.
Revenus adminiſtrés.
Droits régaliens.

DÉPENSES.

Le Militaire.
Le Civil.
L'Eccleſiaſtique.
Les penſions de grace.
Les Cours.
Le Spectacle.

L'entretien des bâtimens, forteresses.

Prérogatives.

Vaisseaux dans l'étranger.
Droits dans les pays étrangers.
Prétentions.

Dettes.

De l'Etat.
à l'étranger.
au pays.
Des provinces.

Ce tableau ou Cadastre général, ce livre des secrets de l'Etat, n'est encore qu'une espece de résumé qui suppose des détails. Il s'agiroit donc de dresser un tableau pour chacune des provinces, & subdiviser ces provinces en autant de parties qu'il est possible pour en dresser également un tableau détaillé. Car ce n'est qu'au moyen de ces détails qu'on peut juger avec connoissance de cause des secours à porter, des impots à exiger ou à remettre, des améliorations à ordonner, des levées de recrues à faire, des livraisons à demander, des concessions à accorder, de l'utilité ou du dommage qui peut résulter ou qui a résulté de quelques arrangemens : en un mot de la même maniere qu'un bon économe doit savoir ce qu'il a en caisse, & ce qu'il doit y retrouver pour régler sa dépense, de même aussi le Gouvernement doit connoître le fond sur lequel il travaille, & pouvoir estimer les besoins & les ressources, les esperances & les craintes, qu'on n'estime jamais que trop tard lorsqu'on en veut juger autrement. Je finirai par une liste des artisans, que je suppose devoir se trouver dans une ville, qui auroit cent mille habitans : elle acheve de montrer comment je crois qu'un bon Cadastre doit être formé (*l*).

	maitres,	apprentifs & garçons
Boulangers	250	410
Tonneliers	70	60
Bouilleurs d'eau de vie	80	-
Brasseurs	240	260
Armuriers	8	10
Brossiers	6	8
Ciseleurs	8	6

(*l*) J'ai supprimé dans cette liste les fabricans, & les artistes, qu'on distingue des arsans : je ne la donne pas d'ailleurs pour complette.

	maîtres,	apprentifs	& garçons.
Confituriers -	20	12	-
Distillateurs -	120	1	-
Tourneurs -	30	20	-
Bouchers -	180	200	-
Jardiniers -	360	120	-
Ouvriers en plâtre	4	-	-
Vitriers -	40	11	-
Batteurs d'or -	2	-	-
Brodeurs en or & en argent -	28	4	-
Bourreliers -	30	10	-
Maréchaux -	50	110	-
Chaufourniers -	10	-	-
Faiseurs de peignes	6	8	-
Faiseurs de Cartes	4	9	-
Ferblantiers -	40	30	-
Boutonniers -	60	40	-
Pelletiers -	30	26	-
Chaudronniers	20	30	-
Vernisseurs -	4	2	-
Lamineurs -	4	-	-
Formiers -	10	-	-
Maçons apprentifs & garçons -	500	-	-
Couteliers -	30	20	-
Meuniers -	15	30	-
Epingliers -	15	10	-
Cloutiers -	18	40	-
Faiseurs d'instrumens de musique -	12	-	-

	maîtres,	apprentifs & garçons.
Peaussiers -	30 -	10 -
Parcheminiers -	2 -	- -
Perruquiers -	150 -	120 -
Carossiers -	50 -	60 -
Pompiers -	10 -	10 -
Gagne-petits -	8 -	- -
Couvreurs de ardoise	2 -	- -
Constructeurs en bateaux -	10 -	40 -
Serruriers -	90 -	100 -
Tailleurs -	850 -	360 -
Ramoneurs -	10 -	40 -
Fondeurs de caracteres	2 -	3 -
Fondeurs de grenaille	1 -	2 -
Cordonniers -	700 -	200 -
Savetiers -	80 -	- -
Fourbisseurs -	20 -	12 -
Savoniers -	30 -	20 -
Cordiers -	28 -	10 -
Faiseurs de tamis	6 -	4 -
Eperonniers -	4 -	6 -
Amidonniers & faiseurs de poudre -	8 -	- -
Tailleurs de pierres	10 -	- -
Paveurs -	4 -	20 -
Charrons -	30 -	50 -
Menuisiers -	250 -	200 -
Potiers -	28 -	60 -
Blanchisseurs de cire	5 -	8 -

	maîtres,	apprentifs & garçons.
Meuniers aux moulins à foulon -	4 -	5 -
Charpentiers -	20 -	300 -
Potiers d'étain -	24 -	20 -
Gantiers -	20 -	18 -
Relieurs -	40 -	50 -
Tireurs de fil d'archal, &c. -	40 -	20 -
Ouvriers en leton	18 -	20 -
Ouvriers en cuir	12 -	15 -

TABLE DES MATIERES.

A.

F.

M.

Q.

R.

V.

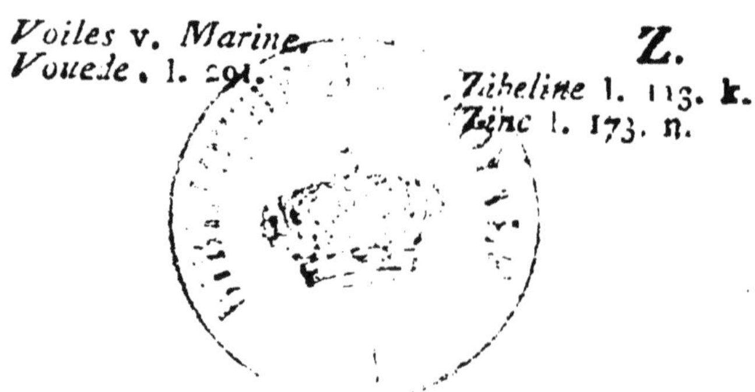

Z.

Fin de la Table des Matieres.

www.ingramcontent.com/pod-product-compliance
Ingram Content Group UK Ltd.
Pitfield, Milton Keynes, MK11 3LW, UK
UKHW020245180726
13839UKWH00001B/185

9 782329 489063